南昌航空大学
学术文库

Nauchang Hangkong University
Academic Library

尤方华◎著

工作场所员工反生产行为探微：

一个本土化的视角

The Detailed Exploration on Employees'
Workplace Counterproductive Behaviors:
A Native Perspective

中国社会科学出版社

图书在版编目（CIP）数据

工作场所员工反生产行为探微：一个本土化的视角／尤方华著.
—北京：中国社会科学出版社，2014.12
（南昌航空大学学术文库）
ISBN 978－7－5161－5379－6

Ⅰ.①工…　Ⅱ.①尤…　Ⅲ.①职工—行为—研究　Ⅳ.①F241

中国版本图书馆 CIP 数据核字（2014）第 303213 号

出 版 人　赵剑英
责任编辑　王　茵
特约编辑　马　明
责任校对　王　影
责任印制　王　超

出　　　版　中国社会科学出版社
社　　　址　北京鼓楼西大街甲 158 号
邮　　　编　100720
网　　　址　http://www.csspw.cn
发 行 部　010－84083685
门 市 部　010－84029450
经　　　销　新华书店及其他书店

印刷装订　北京君升印刷有限公司
版　　　次　2014 年 12 月第 1 版
印　　　次　2014 年 12 月第 1 次印刷

开　　　本　710×1000　1/16
印　　　张　15
插　　　页　2
字　　　数　169 千字
定　　　价　55.00 元

目　录

摘　　要

　　本书立足于本土化视角，针对国内反生产行为实证研究不足的现状，对我国员工的反生产行为的结构、影响因素及机制进行了系统考察。研究共包括四个部分。第一部分主要考察本土员工的反生产行为结构。第二部分主要探讨组织公正、工作态度对反生产行为的影响及其机制。第三部分对公正敏感性和反生产行为关系进行探讨。第四部分考察了员工工作价值观的结构及其对反生产行为的影响。

　　四个研究包括九个数据样本，共计6222名被试，被试来自福建、湖北、江西、北京、上海等省市不同企业和行政事业单位，研究变量数据采用问卷调查法获得。第一部分研究包括三个样本，共计1701名被试数据；第二部分研究收集了1336份被试数据；第三部分研究包括两个样本，共计1417名被试；第四部分研究包括三个样本，共计1768名被试。数据分析方法包括最小空间分析、结构方程模型建模、分层回归分析、中介效应分析及调节效应分析等，研究结果如下：

　　（1）我国员工的反生产行为可区分为人际指向、财物信息指向、一般性违规反生产行为及任务指向四种类型，其中任务指向反生产行为发生频次较高。

（2）组织公正感对员工反生产行为具有直接显著的负向影响，工作态度对于两者关系有显著的链式中介效应。其中，领导公正对反生产行为既有直接效应也存在间接效应，对反生产行为总效应高于分配公正、程序公正的总效应；信息公正对反生产行为的效应则受到其他三类组织公正的影响。

（3）公正敏感性同员工反生产行为具有显著关联，表现为自我保护敏感性对员工三类（人际指向、组织指向及一般性违规）反生产行为具有负向预测效力，而受害者敏感性对四类员工反生产行为均具有正向预测效力，但观察者敏感性对员工反生产行为无显著影响。公正敏感性同反生产行为的关系还受到性别、工作经验两个人口统计学变量的调节。

（4）工作价值观对员工四类反生产行为均有不同程度的影响，表现为与工作本身相关的发展性价值观对员工任务指向反生产行为、一般性违规反生产行为具有显著负向预测效力，声望地位相关的发展性价值观对员工人际指向和财物信息指向反生产行为具有显著的正向预测效力，同时平台与环境相关的发展性价值观对员工人际指向反生产行为具有负向预测效力。

本书末尾还就本研究结果对组织管理实践的启示和参考价值、本研究的局限性及未来研究方向进行了探讨，提出了相关建议。

关键词：反生产行为结构；工作态度；公正敏感性；工作价值观；最小空间分析；中介效应；调节效应

Abstract

Given the empirical research deficiency in the field of counter-productive work behavior (CWB) in domestic academic circles, this study makes an exploration on the structure, antecedents and mechanisms of CWB among Chinese employees in native perspective. The study consist of four parts, the purpose of the first part is to identify the structure of CWB among Chinese employees. The second part addresses the issue of the relationship between organizational justice, work attitudes and CWB. The goal of the third part in the study is to probe the relationship between justice sensitivity and CWB. The forth part makes an exploration on the structure of work values and its relations to CWB.

The four parts of this study include nine samples with a total number of 6222 subjects. All participants are employees of enterprises and public service units located in different provinces (e. g. Fujian, Hubei, Jiangxi etc.) and vertical-administrated cities (e. g. Peking, Shanghai etc.), the data of study variables is obtained by questionnaires. The first part of study comprises three samples and the total number of subject is 1701. The sample of the second part of the study is only one but in a relative bigger size with a total subject number of 1336. The third part of the study include two samples and 1417 subjects in total. The forth part of the study consists of three samples with 1768 subjects. The statistical methods exploited in this study include smallest space analysis, structure equation modeling, hierachical regression analysis, mediating analysis and moderating analysis. The results are showed below:

(1) The CWB among Chinese employees can be classified into four different types respectively named as interpersonal CWB, properties-and-information-oriented CWB, task-oriented CWB and unspecifically-orientated CWB. The task-oriented CWB is most frequent in workplace among four types of CWB.

(2) Organizational justice predicts CWB significantly and negatively, work attitudes show a chain mediating effect on the relationship between organizational justice and CWB. Supervisor justice impacts CWB by both direct and indirect way, the total effect size is significantly stronger compared with that of distributive justice and procedure justice on CWB. However, the impact of informational justice on CWB is determined by other three justice dimensions controlled.

(3) Justice sensitivity correlates to employee's CWB significantly. Self-protective sensitivity negatively and significantly predicts CWB, however, it shows an opposite relation with regard to the predicting power of victim sensitivity on CWB. When it comes to the ob-

server sensitivity, no any significant prediction is found for CWB. Hierachical analyses reveal that the relations of justice sensitivity to CWB are moderated by gender and job tenure. .

(4) There exists difference for the impacts of work values on four types of CWB in that work related and developmental values negatively and significantly predicts both task-oriented CWB and unspecifically-oriented CWB, a similar relationship is also found between platform-and-environment related work values and CWB. However, an opposite relationship is discovered for the relation of prestige and social status to CWB.

At the end of this article the enlightenment and practical values ofthe study results for the management of organization are illustrated, the limitations and the implications for future research are also discussed.

Key Words: the Structure of Counterproductive Work Behavior; Work Attitudes; Justice Sensitivity; Work Values; Smallest Space Analysis; Mediating Effect; Moderating Effect

第 一 章

绪 论

第一节 研究背景

不论是何种类型的组织都期望其成员能够遵守组织规范，并表现出符合组织期望的角色行为，然而有时组织成员的行为表现并不总是和组织期望保持一致，甚至会表现出不同程度的行为偏差。Mangione 和 Quinn（1975）较早注意到了这种行为，他们指出：过去对员工行为的研究仅注意到了员工在组织中的参与行为和角色行为，而忽略了对非参与行为和负面角色行为的关注。非参与行为可能表现为外显的（如旷工或缺席），也可能是心理上的（如白日梦或在心理上的工作疏离）；而负面角色行为则包括两类，分别为消极工作行为（如故意降低工作质量）和破坏性工作（如在生产过程中故意破坏产品）①。随后 Hollinger 和 Clark（1982）也对员工此类偏差行为进行了分类，提出生产越轨（如违反组织的工作规范）和财产越轨（如取走

---

① Mangione, T., & Quinn, R. (1975), "Job Satisfaction, Counterproductive Behavior, and Drug Use at Work", *Journal of Applied Psychology*, 60 (1), 114 –116.

或破坏雇主财物）两类行为[1]。Robinson 和 Bennett（1995） 总结了前人的研究，将此类行为命名为越轨行为（deviant behavior），他们采用多维尺度分析方法，对员工越轨行为进行了分类，结果发现越轨行为可区分为指向组织和指向人际两类[2]。Fox、Spector 和 Miles（2001） 则将此类行为命名为反生产行为（counterproductive work behavior，CWB），他们首次提出了压力源—情绪—反生产行为模型，用以解释反生产行为的发生机制，认为负面组织情境（如组织不公和组织限制）通过负面情绪的中介作用间接影响员工反生产行为，实证研究支持了他们的模型假设[3]。在 Robinson 等人和 Spector 等人的开创性工作的影响下，近十年来，学者们对反生产行为的影响因素和机制进行了深入系统的研究，并提出了相关理论模型解释反生产行为的形成过程。

反生产行为对组织或其成员的利益和幸福具有不容忽视的危害性。一些调查发现：大约75%的员工至少实施了一次对所在组织或其雇主的偷窃行为[4]；有33%—75%的员工从事过诸如偷窃、计算机欺诈、挪用财物、毁坏财物、阴谋破坏生产及旷工等反生产行为[5]。有研究估计：即使不把消极怠工、破坏工作

① Hollinger, R., & Clark, J.（1982），"Formal and Informal Social Controls of Employee Deviance", *Sociological Quarterly*, 23（3），333–343.

② Robinson, S., & Bennett, R.（1995），"A Typology of Deviant Workplace Behaviors：A Multidimensional Scaling Study", *Academy of Management Journal*, 38（2），555–572.

③ Fox, S., Spector, P., & Miles, D.（2001），"Counterproductive Work Behavior（CWB）in Response to Job Stressors and organizational Justice：Some Mediator and Moderator Tests for Autonomy and Emotions", *Journal of Vocational Behavior*, 59（3），291–309.

④ McGurn, T.（1988），"Spotting the Thieves Who Work among Us", *Wall Street Journal*, 7.

⑤ Harper, D.（1990）， "Spotlight Abuse-save Profits", *Industrial distribution*, 79（3），47–51.

及攻击行为造成的损失计算在内，仅员工偷窃对美国企业造成的损失每年就高达 2000 亿美元[①]；而诸如员工偏差行为和无纪律生产行为对组织造成的经济损失估计为每年 60 亿—2000 亿美元[②]。

　　相比国外的研究现状，国内对反生产行为的研究相对较少，而对组织公民行为关注较多，这一原因可能和我国组织对反生产行为的重视程度不够有关。Rotundo 和 Xie（2008）的研究发现，虽然中国员工报告的反生产行为在内容和维度上与西方研究文献有些类似，但相比加拿大和北美经理人而言，中国经理人更重视任务绩效行为，而对反生产行为的关注力度相对不足[③]。这一结论表明中国组织管理层对员工反生产行为的危害性尚未足够重视。事实上，中国各类组织中都可能存在各式各样的反生产行为，在媒体报道中也屡见不鲜。例如，2004 年普华永道员工出现的大规模集体怠工事件，2011 年央视曝光的江苏宿迁公务员上班时间玩游戏、聊天行为，2012 年福建宁德处理 28 名公务员上班时间网聊、玩游戏等事件，2012 年酉阳县电视台职工杨某因对单位管理不满，事先将电视节目恶意篡改并植入境外淫秽影片片段等事件，都表明了反生产行为普遍存在于各类组织当中。

　　近十年来，随着全球经济一体化进程的加快，各类经济组

---

　　① Lipman, M., & McGraw, W. (1988), "Employee Theft: A $40 Billion Industry", *The ANNALS of the American Academy of Political and Social Science*, 51 – 59.

　　② Murphy, K. R. (1993), *Honesty in the Workplace*, Belmont, CA US: Thomson Brooks/Cole Publishing Co. .

　　③ Rotundo, M., & Xie, J. L. (2008), "Understanding the Domain of Counterproductive Work Behaviour in China", *International Journal of Human Resource Management*, 19 (5), 856 – 877.

织内部结构及管理体制的调整和变革的频次也不断增加，组织成员面临着各种适应性压力和不安全感，这些由组织变革和发展带来的压力不仅会影响员工的工作态度（如工作满意度和组织承诺降低），也会在一定程度上影响其行为表现（如表现出工作退缩甚至报复组织的行为）。同时，伴随着组织规模的扩张，组织内部成员的构成日益复杂，组织成员的异质性也相对增强，一个可能的影响是组织成员间发生矛盾和冲突的可能性也随之提高[①]。组织中员工诸如人际冲突、旷工、偷窃、怠工、欺诈等反生产行为与日俱增，已成为当前组织管理领域一个普遍的、严峻的现实问题[②]。

第二节　研究的原因、目的和意义

一　研究原因

反生产行为之所以在近十年来引起国内外学者和管理者们的日益重视，在于它对组织及其成员的利益和幸福所造成的威胁和伤害。然而这类行为在国内组织行为科学领域仍未引起足够的重视，目前国内学术界对反生产行为的探讨尚处于起步阶段，学者们对反生产行为在本土化情境下的表现缺乏足够的实证研究，只有极少数研究对此进行了探讨，而且仅局限于特定

---

① Williams K Y, O'Reilly C. A. (1998), "Demography and Diversity in Organizations: A Review of 40 Years of Research", *Research in Organization Behavior*, 20 (20), 77 – 140.

② Smithikrai, C. (2008), "Moderating Effect of Situational Strength on the Relationship between Personality Traits and Counterproductive Work Behaviour", *Asian Journal of Social Psychology*, 11 (4), 253 – 263.

员工样本（知识员工），这一点与国外的研究形成鲜明的对比。不仅如此，在反生产行为的影响因素及机制方面，目前已发表的国内文献中理论探讨占了多数[1]，且多限于对国外研究的介绍，仅有寥寥几篇对此进行了一些实证研究，对组织公正、组织氛围及领导成员交换关系和反生产行为的关系及相关的中介和调节机制进行了考察[2]。由于理论和实证研究的缺乏，目前国内学界对我国员工反生产行为的表现特点、结构及发生机制依然不甚明确，而且由于东西方文化背景的差异，我国员工的反生产行为在上述几个方面与西方员工的相同点和差异点也是值得探讨的问题。本研究对上述问题的系统考察将有助于发现我国员工反生产行为的表现特点、结构、前因及机制，对反生产行为研究的理论发展具有一定的补充、完善作用，同时也对组织中此类行为的预防、干预实践提供一定参考。

二　研究目的

本研究拟对反生产行为的本土表现、结构、相关影响因素和机制进行系统考察，在此基础上对反生产行为的已有研究结论进行拓展和完善。研究主要包括以下几个目的：

---

① 林玲、唐汉瑛、马红宇：《工作场所中的反生产行为及其心理机制》，《心理科学进展》2010 年第 18 卷第 1 期，第 151—161 页；张永军、廖建桥、赵君：《国外组织公民行为与反生产行为关系研究述评》，《外国经济与管理》2010 年第 32 卷第 5 期，第 31—39 页。

② 刘玉新、张建卫、黄国华：《组织公正对反生产行为的影响机制——自我决定论的视角》，《科学学与科学技术管理》2011 年第 32 卷第 8 期，第 162—172 页；刘文彬、井润田：《组织文化影响员工反生产行为的实证研究——基于组织伦理气氛的视角》，《中国软科学》2010 年第 9 期，第 118—139 页；彭正龙、赵红丹、梁东：《中国情境下领导—部属交换与反生产行为的作用机制研究》，《管理工程学报》2011 年第 25 卷第 2 期，第 30—36 页。

（1）在已有反生产行为结构研究的基础上，开发本土化的反生产行为测量工具，并以层面理论为研究框架，揭示我国员工反生产行为的结构；

（2）揭示员工工作态度在负面组织情境（组织不公）和反生产行为过程中的内在作用机制；

（3）探索公正敏感性这一人格特质和反生产行为的关系及人口统计学变量在两者关系中可能起到的调节作用；

（4）揭示员工工作价值观的结构，明确工作价值观和反生产行为之间的内在关系及作用机制。

三　研究意义

（一）理论意义

反生产行为研究是近十年来组织行为学研究中一个较新的研究领域，由于此类行为对组织及其成员的威胁或潜在的威胁日益凸显，越来越多的学者开始关注并对其展开理论和实证研究，并建立了相关的理论模型作为解释框架，例如压力源—情绪—反生产行为、因果推理模型及自我控制论等。我国学者对此类行为的关注集中在最近五年，一些学者也指出国内该领域未来应加强反生产行为的本土化研究①，但截至目前，这类研究目前还不是特别多，远远落后于国外的研究进展，因此，对反生产行为系统化、本土化的研究是该领域目前较为迫切的研究任务。本研究的理论意义：首先，将反生产行为结构探讨置于

---

① 郭晓薇、严文华：《国外反生产行为研究述评》，《心理科学》2008 年第 31 卷第 4 期，第 936—939 页；张建卫、刘玉新：《反生产行为的理论述评》，《学术研究》2008 年第 12 期，第 80—90 页。

中国文化背景下，揭示其内在结构，这对于开发本土化的反生产行为测量工具将具有理论上的参考价值，也为组织管理干预实践提供一定的理论参考。其次，已有研究表明一些情境因素（如组织不公）是诱发员工反生产行为的源头，但是在中国文化背景下，这些特定情境因素通过何种机制作用于反生产行为仍然需要进一步考察。明确这些内在机制，对于在组织中开展有针对性的管理体制变革和实践具有重要的理论价值。最后，过去许多研究表明工作价值观对员工的心理及行为表现具有显著影响，但反生产行为领域对此探讨相对不足，而且国内研究基本是一片空白，因此从价值观角度入手，探讨员工反生产行为的发生机制将对拓展本土化反生产行为研究和理论发展构建做出一定贡献。

（二）实践意义

在组织管理实践中，员工的绩效管理一直是管理者重点关注的领域。早期管理者看重的是员工的任务绩效，关注与任务绩效相关的能力指标和反映任务绩效的结果指标，组织人事甄选和任免的出发点和依据也紧密围绕着员工各种能力成分和产出结果进行考察。随着周边绩效进入管理者的视野，管理者逐渐意识到在员工能力和产出结果之外还存在其他对团队绩效、组织绩效、组织目标与长远发展具有战略性意义的非任务绩效（如关系绩效、情境绩效和过程绩效等）。这些周边绩效和员工的个性特征（如尽责性和外向性）具有显著联系，人事遴选的重心也相应地从以往单一的能力评价向多种个性心理特征的综合考评过渡。如果说上述两种绩效是组织期待的角色表现，那么反生产行为则是背离组织期望，甚至严重危害组织及其成员的行为，对组织的目标实现和发展具有极大的威胁和破坏作用。许多研究和报道也已经表明，我国各类组织中都普遍存在各种形式的反生产行为，甚至一些企业还因为员工的反生产行为倒闭或面临倒闭。然而遗憾的是，国内许多组织管理者尚未对这一行为的危害性有清醒的认识，许多组织管理者仍然习惯性地将目光局限在任务绩效上，而未将员工反生产行为纳入日常组织管理轨道。同时，由于一些反生产行为具有隐蔽性和普遍性，对这些行为的管理具有一定难度，因此只要这些行为不会明显妨碍任务绩效和组织绩效，管理者一般都采取放任的态度。目前组织中反生产行为管理不理想固然有上述方面的原因，也与国内相关研究滞后有关，组织管理者有时并不能清晰地意识到，组织中到底存在多少反生产行为，这些反生产行为可分为哪些类型，它们的发生机制到底是什么，如何对它们进行有效的预防和干预。因此，本书对我国员工反生产行为的结构及相关机制的探讨将为组织管理实践提供一定依据，也为此类行为的预防和干预提供一定参考。

第三节　研究的技术路线与方法

一　技术路线

图 1-1 阐明了本研究的技术路线。首先，对反生产行为研究的背景进行了系统回顾，包括其历史渊源、概念、结构、理论模型、形成过程及影响因素等方面，提出相关整合模型；其次，对上述总体研究背景进行总结，指出反生产行为研究中存在的一些问题和不足之处，在此基础上提出本研究的原因、具

体目标及意义，明确本研究的内容；再次，对本研究内容涉及的相关文献进行系统回顾，在此基础上提出假设及具体的研究模型；最后，通过多种实证方法对假设模型进行检验，并对结果展开讨论，提出未来的研究方向。

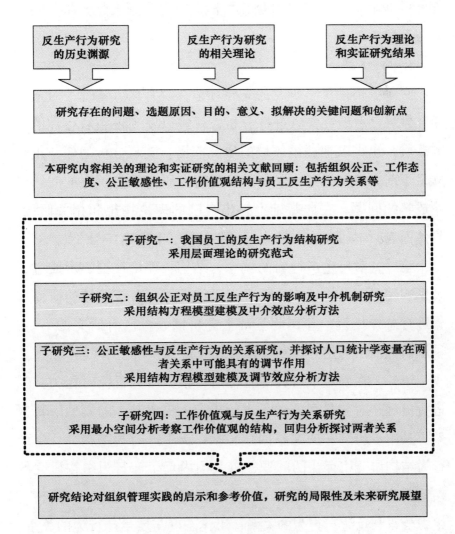

图1-1 本研究的技术路线

二　研究方法

研究方法是任何研究的重要组成部分,恰当的研究方法能够增加研究结论的可信度和说服力,提高研究的质量和生态效度。根据本研究的主要内容和目标,确定采用文献分析、问卷调查及层面理论方法。

(一) 文献分析

文献分析是科学研究的先导环节,没有深入系统地对某个研究领域已有研究文献进行分析,就难以发现该领域存在的研究断层,也难以把握该领域的研究前沿。文献分析的任务正是立足于前人已有研究,致力于发现前人研究没有解决的问题或不成熟的问题,在此基础上提出自己的理论构想和相关假设。具体而言,本研究的文献分析主要包括三个方面:

第一,对反生产行为的概念、结构、理论模型、形成过程及影响因素涉及的相关文献进行系统回顾,对该领域的研究背景进行总体把握,并在此基础上分析该领域已有研究的不足,了解研究前沿和趋势,发现其中值得进一步研究的问题。

第二,在确定本研究的目标后,根据研究目标对相关文献进行梳理,对变量间的关系进行界定,提出基本的模型解释框架。其中子研究一的文献回顾包括:反生产行为结构、反生产行为结构研究中存在的问题,以及国内反生产行为结构研究的结论及问题等。子研究二的文献回顾包括:组织公正的结构,组织公正与反生产行为的关系,工作态度与反生产行为的关系,工作态度之间的关系,组织公正、工作态度和反生产行为的关系等。子研究三的文献回顾主要是对公正敏感性的概念、结构及其相关结果变量的影响进行分析。子研究四主要对工作价值观的结构与员工心理行为关系、工作价值观和反生产行为关系进行文献分析。

第三，在量表编制过程中，量表的项目开发需采用文献析出方式获得部分项目，包括国内外反生产行为文献中的测量项目析出和工作价值观项目析出。

（二）问卷调查法

问卷调查主要包括两部分。

第一部分采用半开放式问卷调查收集两个自编问卷（反生产行为问卷和工作价值观问卷）的测量项目。在前期问卷项目的收集阶段，不仅要通过文献析出获得部分项目，还需对本土员工进行半开放问卷调查获得初始项目。第一次半开放式问卷调查主要目的在于收集我国员工观察到的组织中存在的各种反生产行为，为编制反生产行为调查问卷收集初始项目，共发放半开放式问卷300份，获得280份有效问卷；第二次半开放式调查主要了解当前我国员工的各类工作价值观，为编制工作价值观测量问卷收集初始项目，共发放300份半开放式问卷，获得281份有效问卷。

问卷调查法的第二部分是收集相关研究变量的数据，一些可能对变量间关系起干扰作用的人口统计学特征数据也通过问卷调查法获取。第一，关于反生产行为结构的研究采用问卷调查获得了92个反生产行为项目的自评和他评数据，其中自评数据共计704份有效数据，回收率为78.2%，他评数据共计717份有效数据，回收率为79.7%；第二，关于组织公正、工作态度及反生产行为关系研究共收集到1366份有效自评数据，回收率为91.1%；第三，关于公正敏感性和反生产行为关系研究共收集到882份有效自评数据，回收率为88.2%；第四，关于工作价值观与反生产行为关系研究共收集到553份有效自评数据，有效回收率为92.2%。

（三）层面理论方法

层面理论（facet theory，FT）是心理学及其他社会科学领域中一种研究复杂行为系统的方法和策略，最早由 Guttman（1954）提出，其基础思想是将研究对象分解为多个由元素构成的层面（facet），这些层面主要包括目标人群层面、内容层面和反应范围层面①（见图1—2所示）。

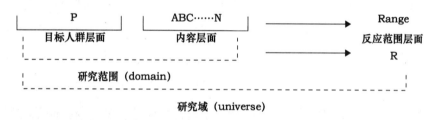

图1-2　层面理论的一般研究框架（转自 Guttman，1998）

其中，目标人群层面是指研究问题涉及的群体，如韦克斯勒智力量表分为儿童版和成人版，其施测的目标人群也应该与其保持一致。反应范围层面是指目标人群对研究问题的可能反应范畴，从测量角度来说，就是被试对测量项目应答的取值范围。而内容层面则是研究者关注的问题范畴，它由一系列元素（element）组成，这些元素是集中表征一系列变量的潜在的概念

---

① Guttman, L. (1954), "An Outline of some New Methodology for Social Research", *Public Opinion Quarterly*, 18 (4), 395-404.

或语义成分[1]，同一内容层面内元素反映了该层面变异的逻辑范畴[2]。

  内容层面是 FT 的一个核心概念，它最大的优势在于能够同时囊括研究对象在质和量上的变异范围，并将其分解成不同的结构侧面加以深入考察，因此可以非常全面地反映研究对象的本质属性。以情绪研究为例，研究者可以将情绪区分为效价和唤醒强度两个内容层面，其中，效价层面由正向情绪和负向情绪两个元素构成，而唤醒强度层面则由高唤醒和低唤醒两个元素构成。由此两个层面四个元素的笛卡尔积构成四类情绪：正向低唤醒、正向高唤醒、负向低唤醒和负向高唤醒。如果采用传统的因子分析可能会得到两个因子（正向情绪或负向情绪），而无法得到四个因子，因此，FT 在研究一些复杂心理行为问题时具有独特的优势。从直观的形式上来看，元素和层面的关系与传统的观测变量和因子的关系在形式上具有类似之处，但两者在内涵、数据分析方式上则完全不同。如果说观测变量与因子的关系表现为一种层级关系（hierachy），那么元素与层面的关系则表现为一种阵列关系。在这种阵列关系中，元素间的相关由元素本身之间的距离所决定，而传统的观测变量间的相关则由观测变量与因子的相关程度所决定[3]。以 Spearman 智力测

[1] Guttman, R., & Greenbaum, C. W. (1998), "Facet Theory: Its Development and Current Status", *European Psychologist*, 3 (1), 13-36.

[2] Brown, J. (1985), "An Introduction to the Uses of Facet Theory", In Canter, D. (Eds.), *Facet theory: Approaches to Social Research*, New York: Springer-Verlag, pp. 17-57.

[3] Shye, S. (1998), "Modern Facet Theory: Content Design and Measurement in Behavioral Research", *European Journal of Psychological Assessment*, 14 (2), 160-171.

验为例,任意两个测验 T_i 和 T_j 的相关可表示为 $\gamma_{ij} = \gamma_{ig}\gamma_{jg}$,其中下标 g 就表示一般智力因子,亦即测验分数间的相关取决于它们与上层 g 因子的相关大小。而层面理论则认为,任意两个测验 T_i 和 T_j 的相关取决于它们与位于这两个测验中的第 k 个测验 T_k 的相关,用公式可表示为 $\gamma_{ij} = \gamma_{ik}\gamma_{kj}$,由此,三个测验间的关系表现为一种单一阵列关系(simplex),这种单一阵列关系就构成了某一内容层面,通过这种转换,内容层面就替代了因子。FT 的一个最大特色就是不同的层面可以通过映射语句(mapping sentence)连接为一个具有意义的文本语句陈述形式,不同层面间的关系就可以通过映射语句加以界定[①]。研究者可以根据研究需要通过映射语句构建的形式增减内容层面对理论进行检验,即 FT 采用理论驱动而非数据驱动,传统的因子分析技术则表现为数据驱动。同时,FT 还将理论构想、研究设计、变量选择与数据分析有机联系在一起,其独特的数据分析技术 SSA 对数据没有硬性要求,而且采用图形化的输出结果,研究者可以通过数据的空间区域分布直观地判断理论构想的合理性。

最小空间分析(smallest space analysis,SSA)是层面理论的数据分析手段,其原理是将研究对象的观测指标(项目)转化为欧氏空间点阵,并通过数据在空间的分布形态和假设层面的匹配程度对理论进行验证。SSA 的基本假设是:如果观测指

---

① 赵守盈、江新会:《行为科学研究设计与理论建构的一种重要策略——层面理论述评》,《贵州师范大学学报》(自然科学版)2006 年第 24 卷第 2 期,第 113—118 页。

标间有较强的相关，那么它们在空间中的距离就更接近，反之，距离就较远；如果某个观测指标在空间分布中越接近中心位置，那么它与其他指标的关系就越强[①]。关于同一层面内不同元素的空间分布形态，层面理论有几种基本的假设。如果同一层面内的元素间在量上有区别，那么该层面的不同元素的空间分布为同心圆状态；如果同一层面内的元素间在质上有区别，那么该层面元素将空间切割为极化状态。在上述两种空间分布中，同一层面元素和其他层面元素允许存在相关，如果同一层面内的元素在质上有区别且和其他层面元素不相关，那么该层面元素在空间分布中呈轴线状[②]。通过对数据的空间分布形态的直观判断，研究者就可以对理论进行验证。

FT 为研究事物的多维结构提供了一种独特的技术视角，将研究者的视野扩展到多元立体层次，克服了以往研究中存在的构念和测量手段单一的问题，在国外各学科领域如心理学、社会科学及行为科学领域都得到了较广泛的运用，其应用的领域具体包括智力测量、组织心理、工作价值观、攻击行为等。中国学者赵守盈对层面理论进行了系统介绍和一些实证研究，但目前在国内组织行为学研究领域，这一理论运用还较少。鉴于层面理论在探讨复杂心理行为时所具有的优势，本书拟采用该理论的研究方法，对我国员工反生产行为进行实证研究。

---

① Elizur, D. , & Sagie, A. (1999), "Facets of Personal Values: A Structural Analysis of Life and Work Values", *Applied Psychology*, 48 (1), 73 – 87.

② Guttman, R. , & Greenbaum, C. W. (1998), "Facet Theory: Its Development and Current Status", *European Psychologist*, 3 (1), 13 – 36.

第四节 拟解决的关键问题及创新点

一 拟解决的关键问题

第一，通过文献析出法和问卷访谈法，考察我国员工的反生产行为的具体表现及种类，建立反生产行为测量项目池，并在此基础上编制本土化的反生产行为测量问卷。

第二，结合文献分析的结果，通过层面理论研究方法，采用映射语句，建立关于反生产行为结构的假设模型，采用自评和他评两种方法，收集两类组织（企业和行政事业单位）员工的问卷数据，并采用最小空间分析技术对变量数据进行统计分析，探讨我国员工的反生产行为结构。

第三，在文献回顾基础上，确立组织公正、工作态度和反生产行为关系中的中介模型，通过问卷调查法收集数据，并通过结构方程模型考察工作态度在总体组织公正感和反生产行为关系中的中介机制及其效果量，同时也分别考察不同组织公正维度是否均通过工作态度这一中介机制间接影响反生产行为。

第四，探讨公正敏感性和反生产行为关系，并对人口统计学特质在两者关系中可能存在的调节效应进行分析，通过问卷调查法收集相关数据，采用统计分析（多元分层回归）考察不同公正敏感性维度对反生产行为的预测效力及人口统计学变量在其中所起的调节方向和效应的大小。其中，由于公正敏感性这一人格特质的测量工具尚无中文版本，本书还将采用两个样本数据对公正敏感性的中文版本进行检验。

第五，通过文献分析和统计分析，考察工作价值观和反生产行为之间的相关关系，探讨不同工作价值观对反生产行为的影响效力；其中，由于对工作价值观结构的研究目前国内外尚无一致意见，而且测量工具五花八门，缺乏整合，因此本书拟根据文献分析结果，采用层面理论，建立工作价值观假设模型并进行检验，这一验证采用自编问卷。

二　本书的创新之处

本书的创新之处主要表现在以下几个方面：

第一，在中国文化背景下探讨员工反生产行为的结构，具有本土化价值。尽管西方研究已经发现员工反生产行为具有三种指向，但这一发现是否适用于中国员工依然有待于进一步检验。目前在国内的实证研究中，采用的反生产行为测量工具存在两种情况，一种是照搬国外的测量工具，另一种则仅关注反生产行为的具体表现，而对反生产行为的指向研究非常缺乏，仅有个别研究关注特殊员工群体（知识员工）的反生产行为指向，而且和国外的研究结论不尽一致。在这种情况下，对我国员工的反生产行为结构进行深入研究，不仅有助于发现我国员工反生产行为的特点，也为未来该领域的进一步研究奠定相关基础。

第二，从工作态度角度入手，并将其置于情境诱因和反生产行为因果链中，对于深入考察反生产行为的形成机制具有一定的推动作用。目前反生产行为研究领域对于工作态度在反生产行为形成过程中的作用机制研究非常缺乏，已有的多数研究多围绕情境—认知—负面情绪—反生产行为这一路径进行，但这一路径模型过于片面和单一，一些反生产行为并不一定由负面情绪引起；同时，这一路径模型忽略了其他可能存在的中介变量（如工作态度、工作价值观等）的影响，需要在理论上进行进一步深化和扩充。而且，由于西方员工具有较强的个人主义倾向，其反生产行为表现特点是否和具有集体主义倾向的中国员工一致仍然需要进一步考证。

第三，本书对特定人格特质——公正敏感性和反生产行为关系进行实证考察，有助于研究者将视野从大五人格转向其他和反生产行为密切关联但在以往研究中被忽略的人格特质，对于理解员工反生产行为产生的个体前因具有重要的补充和启发作用。

第四，在整合工作价值观结构研究的基础上，综合探讨我国员工价值观和反生产行为的内在关系，关注工作价值观在反生产行为认知环节中的主动加工作用。目前反生产行为领域的研究虽然注意到了认知系统在反生产行为形成过程中的影响，但多数认为认知系统在反生产行为形成过程中处于一种被动的位置，主要表现为对负面情境的一种反应性认知加工，这种反应性认知模式的一个最大问题就是忽略了在认知系统中处于核心位置的价值观的潜在作用。由于价值观对个体的心理行为有根本性的影响，忽略这一事实将会使反生产行为研究陷入情境反应论模式，使研究者的视野局限在环境诱因的被动加工，而缺乏对员工个体主动性认知加工的系统关注。

第五节　结构安排

本书根据研究程序共包括七个章节。

第一章为绪论，包括五个小节，分别为研究背景，研究原因、目的和意义，研究的技术路线与方法，本书拟解决的关键问题与创新点，以及本书的结构安排。

第二章为相关文献回顾与述评，包括六个小节，分别为反生产行为概念、反生产行为的结构、反生产行为的理论模型、反生产行为形成过程中的影响因素、反生产行为形成的理论假设模型及小结。

第三章到第六章为本书的主要内容，包括四个实证研究，分别为基于层面理论的员工反生产行为结构研究（第三章）、组织公正对反生产行为的影响及其中介机制研究（第四章）、公正敏感性与员工反生产行为关系研究（第五章）和工作价值观结构及其对员工反生产行为的影响（第六章）。

第七章为研究结论与展望，包括四个小节，分别为研究结论、对组织管理实践的启示和参考价值、本研究的局限及未来研究展望。

第 二 章

相关文献回顾与述评

第一节　反生产行为概念

Robinson 和 Bennett（1995）提出越轨行为概念，他们将越轨行为定义为违反组织重要规范并故意对组织或其成员的幸福造成威胁的行为[1]。这一概念从组织规范角度界定行为是否越轨，从概念所反映的核心本质来看，并未能很好地体现越轨行为本质属性，因为一些行为从表面上很难判断是否违反组织规范。例如，上班时间装作很忙实际没有认真做事，该行为从表面上看符合组织规范，但实际上却具有越轨行为的特点。Fox、Spector 和 Miles（2001）总结了过去的研究，正式提出反生产行为这一概念，他们认为反生产行为是故意对组织或其成员造成伤害的行为。这一界定强调了行为的性质，即伤害性[2]。Gruys

---

[1]　Robinson, S., & Bennett, R. (1995), "A Typology of Deviant Workplace Behaviors: A Multidimensional Scaling Study", *Academy of Management Journal*, 38 (2), 555 – 572.

[2]　Fox, S., Spector, P., & Miles, D. (2001), "Counterproductive Work Behavior (CWB) in Response to Job Stressors and Organizational Justice: Some Mediator and Moderator Tests for Autonomy and Emotions", *Journal of Vocational Behavior*, 59 (3), 291 – 309.

和 Sackett（2003）则认为反生产行为是故意违背组织合法利益的行为，这一界定则强调了行为的后果，即违背组织合法利益[①]。Marcus 和 Schuler（2004）提炼了反生产行为的三个本质：（1）一种受个人意志控制的故意行为，但一些非故意行为如操作失误除外；（2）行为具有潜在的伤害性，但一些无法预料后果的行为除外，如因为提升客户的信用等级而造成无法预见的经济损失；（3）行为违背了组织或其成员的合法利益，但出于员工合法利益而不得已的行为除外，如病退[②]。上述这些概念尽管有些细微差异，但在行为对象、性质和结果上表现出了共同点，即强调行为对象是组织或其成员，而行为性质是故意的，同时行为具有破坏性，差别在于对行为是否违反组织规范或违背组织利益存在争议。Cullen 和 Sackett（2003）认为，尽管一些行为如假借生病早退从程序上来说没有违反组织规范，但这种行为却违背了组织利益[③]。因此，从这个意义上来说，从是否违反组织规范角度对反生产行为进行界定显然是不合适的。事实上，无论是哪类反生产行为，都在某种程度上违背了组织利益，国内有学者也认为，反生产行为不以是否违反组织正式或非正式规范为判定标准[④]。另外，反生产行为也不等于反生产。

① Gruys, M. L., & Sackett, P. R.（2003），"Investigating the Dimensionality of Counterproductive Work Behavior", *International Journal of Selection and Assessment*, 11（1），30–42.

② Marcus, B., & Schuler, H.（2004），"Antecedents of Counterproductive Behavior at Work: A General Perspective", *Journal of Applied Psychology*, 89（4），647–660.

③ Cullen, M., & Sackett, P.（2003），"Personality and Counterproductive Workplace Behavior", *Personality and Work: Reconsidering the Role of Personality in Organizations*, 150–182.

④ 张建卫、刘玉新：《企业反生产行为：概念与结构解析》，《心理科学进展》2009 年第 17 卷第 5 期，第 1059—1066 页。

前者关注行为本身所具有的潜在危害性，即使这种行为并没有造成有形的伤害；而后者则关注行为的有形后果①。综上所述，本书认为，反生产行为的界定必须考虑行为对象、行为性质、行为后果三个因素，其中反生产行为的对象是组织或其成员的利益，其行为性质是故意的、有伤害性的，而行为后果表现为两种危害性，一种是直接危害性，另一种是潜在伤害性。因此，本书将反生产行为定义为一种故意对组织或其成员的利益造成伤害或潜在伤害的行为。

第二节　反生产行为的结构

在反生产行为概念提出之前，关于反生产行为的研究多集中于某种特定的反生产行为如偷窃、旷工、消极怠工等，但这些行为并未涉及反生产行为的本质②。随着研究的深入，学者们逐渐意识到有必要建立一个涵盖这些单一反生产行为的理论体系以便进一步探讨这些特定反生产行为之间的关系，同时也为了更好地整合这些单一反生产行为的研究发现。为此学者们对反生产行为的维度结构做了大量的探讨，发展出了单维、二维、三维及五维结构，这些不同的维度结构一方面源于研究者的视角不同，另一方面也体现了反生产行为的多样性。

---

① Cullen, M., & Sackett, P. (2003), "Personality and Counterproductive Workplace Behavior", *Personality and Work: Reconsidering the Role of Personality in Organizations*, 150 – 182.

② Robinson, S., & Bennett, R. (1995), "A Typology of Deviant Workplace Behaviors: A Multidimensional Scaling Study", *Academy of Management Journal*, 38 (2), 555 – 572.

一　从行为指向探讨反生产行为的结构

从反生产行为指向性分析其结构的研究经历了一维、二维到三维结构的发展过程。早期研究主要集中于组织指向维度，如最早由 Mangione 和 Quinn（1975）提出的消极工作和破坏性工作两种类型,[1] 以及随后 Hollinger 和 Clark（1982）提出的生产越轨和财产越轨[2]都属于这种单维结构的分类。这两种单维结构只注意到了反生产行为指向组织层面的破坏性而忽略了其对组织成员的伤害。而 Robinson 和 Bennett（1995）采用多维尺度分析法对 45 种反生产行为的分析表明，员工的反生产行为结构主要由两种维度构成，这两类维度分别是轻微—严重维度、组织—人际维度，由此构成了 4 种不同的反生产行为种类，即生产越轨、财产越轨、政治越轨及人际侵犯。其中政治越轨和人际侵犯即为指向组织成员（人际指向）的反生产行为，包括语言暴力、性骚扰等。不过随后 Bennett 和 Robinson（2000）的研究认为，轻微—严重这一维度不足以反映反生产行为的潜在因子，因此建议删除这个维度[3]。Robinson 等人的研究不仅证实了反生产行为的组织指向，还发现了人际指向的反生产行为，为推动反生产行为的进一步研究提供了较好的解释框架，随后一些学者的研究对此进行了进一步的拓展。Gruys 和 Sackett

---

[1]　Mangione, T. , & Quinn, R. (1975), "Job Satisfaction, Counterproductive Behavior, and Drug Use at Work", *Journal of Applied Psychology*, 60 (1), 114 – 116.

[2]　Hollinger, R. , & Clark, J. (1982), "Formal and Informal Social Controls of Employee Deviance", *Sociological Quarterly*, 23 (3), 333 – 343.

[3]　Bennett, R. , & Robinson, S. (2000), "Development of a Measure of Workplace Deviance", *Journal of Applied Psychology*, 85 (3), 349 – 360.

（2003）的研究发现反生产行为不仅包括组织—人际指向维度，还存在任务相关维度，进而区分出4种反生产行为类型分别为组织—任务型、组织—非任务型、人际—任务型和人际—非任务型[①]。值得注意的是，Robinson 及 Gruys 均采用自评法（self-report method）探讨反生产行为的结构，这种方法容易受到自我增强偏差及自我价值保护的影响，导致被试的测量结果存在一定程度失真。有鉴于此，Stewart、Bing、Davison、Woehr 和McIntyre（2009）在方法学上采用了非自我评定法（non-self-report）通过同事或上级对其所在组织员工的反生产行为表现进行评定。因素分析结果表明，反生产行为具有三维结构，即生产越轨、财产越轨和人际越轨[②]。就已有研究来看，从反生产行为的指向性探讨其潜在结构的众多研究结果中，人际指向和组织指向维度基本得到一致认可，跨文化研究也表明了这点[③]。

二　从行为的具体表现探讨反生产行为的结构

此类研究多采用因素分析探讨不同表现类型的反生产行为潜在的因子结构。Spector 等人早期的系列研究考察了组织挫折和压力与员工行为反应的关系，通过因素分析发现了员工诸如

---

① Gruys, M. L., & Sackett, P. R. (2003), "Investigating the Dimensionality of Counterproductive Work Behavior", *International Journal of Selection and Assessment*, 11 (1), 30 – 42.

② Stewart, S. M., Bing, M. N., Davison, H. K., Woehr, D. J., & McIntyre, M. D. (2009), "In the Eyes of the Beholder: A Non-self-report Measure of Workplace Deviance", *Journal of Applied Psychology*, 94 (1), 207 – 215.

③ Rotundo, M., & Xie, J. L. (2008), "Understanding the Domain of Counterproductive Work Behaviour in China", *Internationationl Journal of Human Resource Management*, 19 (5), 856 – 877.

攻击他人、阴谋破坏、敌意抱怨、物资滥用、偷窃等几大类反生产行为类型[1]。与此类似的是，Neuman 和 Baron（1998）提出的三种工作场所侵犯行为，即敌意表达、阻碍及公开侵犯[2]，是较早地采用因素分析法对反生产行为进行的结构分析。Spector 和 Baron 等人早期的研究虽然为理解反生产行为的类型提供了一定的帮助，但是这些研究当时还并未清晰地在反生产行为这一概念下展开。自 2000 年以来，随着反生产行为研究的不断深入，此类研究也有了进一步的发展。Fox、Spector 和 Miles（2001）在参考 6 个同类研究的基础上，编撰了一个包含 64 个项目的反生产行为清单，并以此为基础进行因素分析，结果发现了 5 种类型的反生产行为，分别为言语滥用（如侮辱他人）、威胁、逃避工作（如怠工）、破坏性工作（如故意不正确地工作）及外显行为（如偷窃）5 种类型[3]。Spector、Fox、Penney、Bruursema、Goh 和 Kessler（2006）总结了之前的研究，提出了 5 种反生产行为类型，分别为攻击他人、生产越轨、阴谋破坏、

① Chen, P. Y., & Spector, P. E. (1992), "Relationships of Work Stressors with Aggression, Withdrawal, Theft and Substance Use: An Exploratory Study", *Journal of Occupational & Organizational Psychology*, 65 (3), 177. Spector, P. E. (1975), "Relationships of Organizational Frustration with Reported Behavioral Reactions of Employees", *Journal of Applied Psychology*, 60 (5), 635 – 637. Storms, P., & Spector, P. (1987), "Relationships of Organizational Frustration with Reported Behavioural Reactions: The Moderating Effect of Locus of Control", *Journal of Occupational Psychology*, 60 (3), 227 – 234.

② Neuman, J. H., & Baron, R. A. (1998), "Workplace Violence and Workplace Aggression: Evidence Concerning Specific Forms, Potential Causes, and Preferred Targets", *Journal of Management*, 24 (3), 391 – 419.

③ Fox, S., Spector, P., & Miles, D. (2001), "Counterproductive Work Behavior (CWB) in Response to Job Stressors and Organizational Justice: Some Mediator and Moderator Tests for Autonomy and Emotions", *Journal of Vocational Behavior*, 59 (3), 291 – 309.

偷窃和撤退[1]。从反生产行为的表现方式探讨其潜在结构有助于更好地理解反生产行为的外延，但对反生产行为的本质内涵的探讨则稍显欠缺。从最近几年的研究情况来看，学者们包括Spector 本人编制的反生产行为清单（counterproductive work behavior checklist，CWB-C）都还是倾向于采用人际—组织的维度结构对反生产行为进行研究[2]。

三　从概念角度进行区分

除了上述两种路线之外，一些研究者也提出了其他分类方式。如根据行为暴露程度把反生产行为划分为隐蔽的（covert）和公开的（overt）两种形式[3]；或者从反生产行为实施主体的意识水平出发，区分出内隐的（implicit）和外显的（explicit）两种反生产行为[4]；或者根据行为主体卷入与否区分成自我破坏的

---

① Spector, P., Fox, S., Penney, L., Bruursema, K., Goh, A., & Kessler, S. (2006), "The Dimensionality of Counterproductivity: Are All Counterproductive Behaviors Created Equal?" *Journal of Vocational Behavior*, 68 (3), 446 – 460.

② Bruk-Lee, V., & Spector, P. E. (2006), "The Social Stressors-counterproductive Work Behaviors Link: Are Conflicts with Supervisors and Coworkers the Same?" *Journal of Occupational Health Psychology*, 11 (2), 145 – 156. Diefendorff, J. M., & Mehta, K. (2007), "The Relations of Motivational Traits with Workplace Deviance", *Journal of Applied Psychology*, 92 (4), 967 – 977. Penney, L., & Spector, P. (2005), "Job Stress, Incivility, and Counterproductive Work Behavior (CWB): The Moderating Role of Negative Affectivity", *Journal of Organizational Behavior*, 26 (7), 777 – 796.

③ Spector, P. E., & Fox, S. (2002), "An Emotion-centered Model of Voluntary Work Behavior: Some Parallels between Counterproductive Work Behavior and Organizational Citizenship Behavior", *Human Resource Management Review*, 12 (2), 269 – 292.

④ Bing, M., Stewart, S., Davison, H., Green, P., McIntyre, M., & James, L. (2007), "An Integrative Typology of Personality Assessment for Aggression: Implications for Predicting Counterproductive Workplace Behavior", *Journal of Applied Psychology*, 92 (3), 722 – 743.

反生产行为（如酒精与物资滥用）与外部指向的反生产行为（如报复与攻击）[①]；或者根据行为的动机区分为始发性（initiated）的和反应性（reactive）的反生产行为[②]，以及 Spector（2011）提出的类似概念即主动行为（proactive）和反应行为[③]。以上这些不同的分类方式尽管各自的视角不同，但都为理解反生产行为提供了有益的补充。

第三节　反生产行为的理论模型

一　因果推理理论下的员工反生产行为

Martinko、Gundlach 和 Douglas（2002）提出因果推理理论（causal reasoning theory）[④]，他们提出该理论的初衷在于整合之前不同类型的反生产行为理论研究成果。该理论主要以弗洛姆的期望理论、斯金纳的强化理论及班杜拉的社会学习理论作为核心的理论解释范式，从认知过程入手，强调员工的因果推理过程对其反生产行为的影响。该理论认为：反生产行为是个体

---

① Martinko, M. J., Gundlach, M. J., & Douglas, S. C. (2002), "Toward an Integrative Theory of Counterproductive Workplace Behavior: A Causal Reasoning Perspective", *International Journal of Selection and Assessment*, 10 (1 - 2), 36 - 50.

② Cullen, M., & Sackett, P. (2003), "Personality and Counterproductive Workplace Behavior", *Personality and Work: Reconsidering the Role of Personality in Organizations*, 150 - 182.

③ Spector, P. (2011), "The Relationship of Personality to Counterproductive Work Behavior (CWB): An Integration of Perspectives", *Human Resource Management Review*, 21 (4): 342 - 352.

④ Martinko, M. J., Gundlach, M. J., & Douglas, S. C. (2002), "Toward an Integrative Theory of Counterproductive Workplace Behavior: A Causal Reasoning Perspective", *International Journal of Selection and Assessment*, 10 (1 - 2), 36 - 50.

和环境因素相互作用的结果，其中，因果推理的认知加工过程
是个体实施反生产行为与否的内在动因。这种因果推理过程中
涉及两个重要的认知元素：（1）个体对不平衡的觉知；（2）个
体对不平衡的归因（因果推理）。所谓不平衡是指个体通过比较
机制所感受到的一些与期望不符的工作结果，如报酬不符期望。
个体对不平衡的归因推理将会影响其是否实施反生产行为及其
表现。该理论认为，内部/外部的归因指向影响个体的情绪反应
及与之相应的反生产行为表现，而稳定/不稳定的归因指向则和
个体是否发生反生产行为有关。因此，如果个体把不平衡归结
为不稳定的因素，那么就不会发生反生产行为，因为这些不稳
定的因素无法预料，个体也不会为此感到内疚或愤怒并产生行
为反应；相反，如果个体把不平衡归结为稳定的因素，那么就
会根据内部还是外部的归因指向而发生不同类型的反生产行为。
例如，把不平衡归结为自己内部稳定的因素如能力不足，那么
就可能发生自我破坏的反生产行为如酒精或物资滥用；如果个
体把不平衡归结为内部的不稳定因素如努力不足，那么就不会
发生反生产行为。需要注意的是，Martinko 等人的因果推理模型
并不否认情绪在个体反生产行为中的作用，相反，该模型认为
情绪在因果推理与反生产行为之间起中介作用，如归因为个体
内部因素会引起个体的负面情绪如羞愧、内疚等，进而导致其
实施自我破坏的反生产行为；而归因为外部因素则可能引起个
体的愤怒或挫折感，进而引起个体产生指向外部的反生产行为。
Martinko 的理论为理解反生产行为形成的认知加工过程机制提供
了较好的基础。但该理论也存在一些不足，如归因维度探讨不
足，包括可控性维度、故意性维度等都未在其模型中进行讨论，

而且该模型并没有考虑到互动的作用，而互动及其反馈完全有可能影响个体的因果推理过程并进而影响其反生产行为的实施与否与类型表现。

二　自我控制论

自我控制论是 Marcus 和 Schuler（2004）提出的理论[①]。Marcus 分析了目前反生产行为研究领域存在的各式理论，认为：这些理论只局限于自己的视角，缺乏对其他理论的整合；在追求理论模型简洁性的同时，失去了理论的普适性，表现得有些"琐碎"，难以解释所有的反生产行为。有鉴于此，Marcus 的研究尝试探讨在纷繁复杂的反生产行为下潜在的共性，并建立对各类反生产行为具有普适性解释力的理论框架。该理论的核心解释范式主要来自 Gottfredson 和 Hirschi（1990）提出的犯罪普适性理论（a general theory of crime）[②]。犯罪普适性理论的核心观点认为在各种各样的犯罪行为当中，存在一些共同因素，如缺乏行为计划和必要的行为技能、造成受害者的痛苦或不舒服及犯罪者本身未能从其犯罪行为长期受益等，但最重要的共同点是这些犯罪者缺乏一种"避免长期代价超过短期获益"的特质，这种特质就是"自我控制"。需要注意的是，该理论提出的自我控制有别于其他同名概念，其概念来源和内涵均与心理学领域提出的自我控制有所区别，主要用于解释犯罪等越轨行为。另外，该理论中还有一个不容忽视的概念——"机会"，该概念

---

① Marcus, B., & Schuler, H. (2004), "Antecedents of Counterproductive Behavior at Work: A General Perspective", *Journal of Applied Psychology*, 89 (4), 647–660.

② Gottfredson, M., & Hirschi, T. (1990), *A General Theory of Crime*, Stanford University Press.

是指诱发或抑制犯罪行为的情境性因素。Gottfredson 认为一些犯罪行为的实施与否与机会有显著联系。根据该理论，低自我控制和机会性因素的交互效应对犯罪行为存在一定影响。

Marcus 等人借鉴了犯罪普适性理论中的自我控制和机会两个概念，并在此基础上提出了针对反生产行为的理论解释框架，其理论主要包括两个维度、四个象限（见图 2 - 1），Marcus 将其称为自我控制理论。在图 2 - 1 中，横坐标为情境—个体维度。该维度的提出实际上整合了目前反生产行为研究领域关于环境因素取向和个体因素取向的研究视角，改变当前一些反生产行为理论单一取向的特点，有助于更全面地理解反生产行为的影响机制。纵坐标激发—控制维度代表了该理论的核心解释机制。该维度的提出实际上也整合了犯罪行为研究领域激发学派和控制学派的观点。

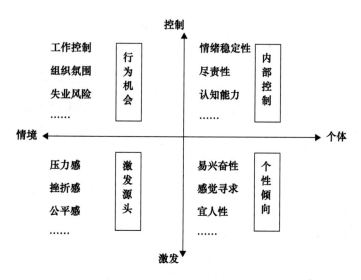

图 2 -1   自我控制论的二维结构

资料来源：本图根据自我控制论整理绘制（Marcus & Schuler, 2004）。

　　激发学派从个体为什么会实施犯罪行为找原因，认为犯罪行为是受到外部因素（如同辈犯罪行为及态度的影响）或者内部因素（如皮层唤醒导致的寻求犯罪带来的兴奋感）激发产生的，总之，激发学派的观点认为激发性因素促使个体实施犯罪行为，而缺少这种激发因素的个体则很少实施犯罪行为。相反，控制学派则从个体为什么不实施犯罪行为这一角度出发，认为个体的自我控制因素而不是激发因素才是决定其是否实施犯罪行为的关键。需要注意的是，控制学派并不否认激发因素的重要性，而是否认激发性因素是犯罪行为的主要变异来源。Marcus 整合了这两种观点，将它们作为其理论的一个重要解释维度。

　　Marcus 提出的二维模型区分了四类解释反生产行为的前因变量，分别为激发源、机会、内部控制及个性倾向性，这四类解释范式涵盖了当前大多数反生产行为理论所提出的各种前因变量。激发源（trigger）是指引起个体反生产行为反应的外部事件及其知觉，如降低个体应得的报酬会引起个体的不公正知觉，进而产生反生产行为。类似的激发源还包括挫折感、满意感及压力感等。机会（opportuinity）是指影响个体是否实施反生产行为的情境性因素及与其相联系的知觉，这些情境性因素包括工作控制、组织约束及组织氛围等。值得一提的是，Marcus 把失业风险也列为机会性因素，原因在于他认为失业风险同员工的旷工行为存在显著负相关，行为被发现导致的失业代价往往引起个体对其是否实施反生产行为进行衡量，从而在行为实施和失业风险中找到一个平衡点使其行为利益最大化。内部控制（internal control）是指个体内部一种稳定的阻碍其实施反生产行为的人格结构，包括 Gottfredson 提出的自我控制及其他相关的人格特质，如尽责性、情绪稳定性、认知能力、态度因素等。个性倾向性（propensity）是指驱使个体为了达到期许的结果或者享受行为过程的感觉而实施反生产行为的内部稳定的倾向性，这些倾向性包括感觉寻求、易兴奋倾向、宜人性等。需要注意的是，这四类前因变量在 Marcus 的理论中并非因素结构中的四个因子，Marcus 提出这四个象限是基于逻辑组织的角度而非因素结构探讨的角度，因此每个象限中包含的前因变量之间不一定相关，这些变量对反生产行为的预测可能是独立的甚至是二选一的关系，但这些变量都属于同一类解释机制。另外，这四个象限也并非互相排斥的，某些象限之间可能存在相关关系，如组织监控（机会）会引起员工的不满（激发源），但这并不意味着这四个象限是潜在的因素结构。Marcus 区分了"效果指标"和"因果指标"两类模型，认为因素结构模型是"效果指标"模型，而他的自我控制模型则属于"因果指标"模型，两者之间有明显差异，因此该模型可被视为解释反生产行为的因果模型，而且模型中的四个象限可能存在交互效应。

　　Marcus 认为在这四个象限所构成的所有反生产行为的前因变量中，存在一个最核心的解释变量即所谓的"自我控制"变量，对员工的反生产行为起到最主要的预测作用。为了验证他的理论假设，Marcus 从这四个象限选取了 24 个前因变量作为预测变量分析其对反生产行为的影响，结果发现，在多元层次回归分析中，最后进入方程的自我控制变量解释了全变量模型（full-model）24% 的方差变异，而其他三个象限变量集（激发源、机会及个性倾向性）的方差贡献率仅分别为 2.9%、2.9% 和 1.5%，前者的方差贡献几乎是后者单个变量集的 10 倍；而且，只有自我控制变量的 beta 值（0.63；$p < 0.001$）达到统计

学上的显著值，其他三个象限变量集的 p 值都大于最低边界统
计显著值（p > 0.10），层次回归分析结果支持了 Marcus 的假
设。Marcus 还考察了内部控制与外部控制（机会）、激发源的交
互效应，结果发现，外部控制越弱，内部控制对反生产行为的
预测效果就越强。同时，随着内部控制增强，激发源对反生产
行为的预测效果有减弱的趋势。交互作用分析进一步支持了个
体的内部控制在反生产行为形成过程中的重要影响。

　　尽管 Marcus 的研究证实了个体的内部控制在反生产行为中
的重要影响，但未来仍需要大量的实证研究验证其核心观点。
而且，该理论强调内部控制可以解释任何情境下的所有反生产
行为，忽视了影响个体行为的其他重要变量（如动机因素）与
内部控制的交互效应，这种一元论的观点显然值得质疑。

三　压力—情绪—反生产行为模型

　　Fox 和 Spector 等人在系列研究中提出了一个反生产行为理
论解释模型[①]，该理论模型把员工反生产行为视为对其工作压力
的一种反应。根据该理论，个体会把某些特殊的环境事件知觉为
对幸福感有威胁的事件即工作压力源，这些压力源包括角色冲突

---

　　① Fox, S. , Spector, P. , & Miles, D. (2001), "Counterproductive Work Behav-
ior (CWB) in Response to Job Stressors and Organizational Justice: Some Mediator and
Moderator Tests for Autonomy and Emotions", *Journal of Vocational Behavior*, 59 (3),
291 - 309. Spector, P. E. , & Fox, S. (2002), "An Emotion-centered Model of Voluntary
Work Behavior: Some Parallels between Counterproductive Work Behavior and Organizational
Citizenship Behavior", *Human Resource Management Review*, 12 (2), 269 - 292. Spector,
P. E. , & Fox, S. (2005), "The Stressor-Emotion Model of Counterproductive Work Be-
havior", In S. Fox & P. E. Spector (Eds.), *Counterproductive Work Behavior: Investiga-
tions of Actors and Targets*, Washington, DC US: American Psychological Association,
151 - 174.

或模糊、人际冲突、情境性限制等。这些压力源会引起个体的压力感（strain），这种压力感可能是心理的（工作不满意、离职意向）、生理的（躯体化症状如头痛、血压升高及长期病理反应等）或者行为的（如抽烟或工作退缩），而反生产行为就是一种基于压力感的行为反应。该理论强调了情绪在压力和反生产行为关系中的重要影响，认为情绪在个体压力加工过程中起着承前启后的作用，既是对情境压力的即时反应，又激发了随后的心理及行为反应，由此，反生产行为的发生遵循压力感→情绪→反生产行为的因果链。在这个因果链中，压力感来源于多方面刺激，如组织限制（包括规则和程序限制、可利用资源限制、同事限制等）、人际冲突（与同事争吵及粗鲁地互动）及组织不公（如分配不公、程序不公及互动不公）等，但并非所有的环境刺激都会引起个体的压力感，只有个体把环境刺激主观评估为压力源（perception of stressors）才会引起个体的压力感。压力感会诱发个体相应的负面情绪如焦虑、愤怒等，并产生随后的反生产行为。

压力—情绪—反生产行为模型是当前反生产行为研究领域影响较大的模型。该模型提出的压力→情绪→反生产行为的因果链在实证研究中得到了充分的支持[①]。事实上，职业健康心理

---

① Fox, S., Spector, P., & Miles, D. (2001), "Counterproductive Work Behavior (CWB) in Response to Job Stressors and Organizational Justice: Some Mediator and Moderator Tests for Autonomy and Emotions", *Journal of Vocational Behavior*, 59 (3), 291–309. Penney, L., & Spector, P. (2005), "Job Stress, Incivility, and Counterproductive Work Behavior (CWB): The Moderating Role of Negative Affectivity", *Journal of Organizational Behavior*, 26 (7), 777–796. Bruk-Lee, V., & Spector, P. E. (2006), "The Social Stressors-counterproductive Work Behaviors Link: Are Conflicts with Supervisors and Coworkers the Same?" *Journal of Occupational Health Psychology*, 11 (2), 145–156.

学（occupational health psychology）领域的研究表明，压力不仅会影响员工的身心健康（如倦怠）及幸福感，也会导致一些特定的行为表现（如离职意向、病退），从这个意义上说，反生产行为可被视为压力作用下的员工众多消极行为反应之一。但该模型也存在一些不足。首先，该模型只注意到了情绪在压力与行为之间的作用，弱化了个体内在的认知加工过程，也忽视了个体所具有的对行为的意志控制，同时还缺少对组织规范因素的探讨，因此在理论解释力上稍有欠缺。包括 Spector 自己也承认有些工具性的反生产行为（如偷窃）并不一定是情绪导致的行为反应[①]。其次，该模型所涉及的压力源只考虑了组织限制和公正因素及人际冲突因素，缺乏对工作特质因素、组织社会等因素的讨论。过去 30 年职业健康心理学领域的研究表明，工作特质如高工作要求、努力—回报不平衡同员工的压力感显著相关，组织社会因素如组织变革、工作—家庭冲突也对员工的心理行为具有不容忽视的影响，这些因素都可能是员工的压力来源。从目前的研究来看，工作特质、组织变革及工作—家庭关系同反生产行为的关系的实证研究仍然相当缺乏，仅有少量的研究探讨了工作控制在反生产行为中的调节效应，而且未得到清晰的结论。最后，该模型强调了情绪在反生产行为形成过程中的作用，但在其模型中涉及的情绪变量仅包括即时情绪，而缺乏对持续性情绪与反生产行为关系的探讨。而持续性情绪如抑郁、情绪倦怠对员工的工作行为具有显著影响，这也是该模型的不足之处。

---

① Fox, S., & Spector, P. (2010), "A 'Cold Cognitive' Approach to Complement 'Hot Affective' Theories of CWB", *The Dark Side of Management*, 93.

四　计划行为理论

计划行为理论认为行为意向是指个体在多大程度上愿意付出努力和克服困难去完成某种行为的心理结构,是激发个体行为最近的前因变量,个体的行为意向越强,则实施行为的可能性越高[①]。行为意向主要由三个在概念上相互独立的因素所决定,这三个因素分别是:(1)行为态度,态度是指个体对行为的肯定或否定的评价;(2)主观规范,主要反映个体知觉到的他人对该行为的评价;(3)知觉行为控制,是指个体对自己能否成功实施该行为的知觉,这种知觉来自个体过去与该行为相关的经验及情境性因素的评估。由此,根据该理论,当个体对反生产行为持肯定态度、知觉到的主观规范影响较弱时行为控制感越强,实施反生产行为的意向就越强。Murphy(1993)提出了类似的三个概念用以解释工作场所的反生产行为,这三个概念分别是必要性知觉(perceptions of necessity)、可接受性知觉(perceptions of acceptability)和风险知觉(perceptions of risk)[②]。必要性知觉是指个体对为达到某种期许目标而实施反生产行为的必要性认识;可接受性知觉和计划行为理论中的主观规范类同,是指在工作情景下重要他人对反生产行为的接受度;而风险知觉则指个体对是否有能力在他人无法觉察的情况下实施反生产行为的知觉。Mikulay、Neuman 和 Finkelstein(2001)综合了两者的观点,将反生产行为的意向结构分为 3 个部分:(1)合意性(desirability),该概

---

① Ajzen, I. (1991), "The Theory of Planned Behavior", *Organizational Behavior and Human Decision Processes*, 50 (2), 179–211.

② Murphy, K. R. (1993), *Honesty in the Workplace*, Belmont, CA US: Thomson Brooks/Cole Publishing Co..

念既反映行为态度，也包含行为必要性认识，如实施该行为是为了公平需要；（2）群体规范，既反映了个体的主观规范，也反映了群体成员对反生产行为的接受度，如上级主管的默许；（3）风险，既反映了个体的行为控制，也反映了个体对反生产行为的风险评估，如有办法绕过监控系统偷取公司财物①。

第四节 反生产行为形成过程中的影响因素

自 Robinson（1995）提出越轨行为理论以来，反生产行为研究就开始逐渐进入系统化整合阶段，这种系统化整合不仅表现在关于反生产行为结构研究从单一走向整合②，也表现在对反生产行为形成机制的理论研究走向系统化整合。尤其是近十年来，对反生产行为的机制研究开始出现百家争鸣的态势，一些具有影响力的理论开始进入研究者的视野，为理解反生产行为提供了丰富的理论解释和参照框架。这些理论从不同的视角进行了分析，包括计划行为理论、因果推理理论、压力源—情绪理论、自我控制论等。这些理论多从员工内部心理加工过程出发，强调认知、情绪等因素在员工反生产行为发生、发展过程中的作用。尽管侧重点不尽相同，但都反映了反生产行为形成过程中涉及的一个或多个心理加工阶段。一方面，表明反生产行为的形成涉及一系列内部心理过程；另一方面，也表明这些理论间存在共同要素，甚

---

① Mikulay, S., Neuman, G., & Finkelstein, L. (2001), "Counterproductive Workplace Behaviors", *Genetic, Social, and General Psychology Monographs*, 127 (3), 279 - 300.

② 彭贺：《反生产行为理论研究综述》，《管理学报》2010 年第 7 卷第 6 期，第 834—840、873 页。

至可以相互嵌套①。因此，从整合的角度考察反生产行为形成过程中的影响因素及机制存在理论上的可能。

一   情境因素

负面情境是大多数反生产行为的诱发源头，不同的负面情境可能和不同的心理加工机制相联系，并进而导致不同的反生产行为表现，近年来的一些研究也证实了这点。Hershcovis 等人（2007）的元分析显示：人际冲突和人际侵犯相联系，而情境限制则与组织侵犯相联系②。Jones（2009）的研究也表明：员工会对知觉到的不公平源头产生有针对性的反生产行为。其中，互动不公导致员工产生针对上级的反生产行为，而程序不公和分配不公则会导致针对组织的反生产行为，两种反生产行为形式分别与报复上级和报复组织的动机相联系③。

当前关于反生产行为的四个重要理论除了计划行为理论之外都注意到了情境因素对反生产行为的影响。Martinko、Gundlach 和 Douglas（2002）在其因果推理理论中列举了 11 类情境变量，分别涉及组织、工作及个人生活三方面④；Spector 和 Fox

---

① 张建卫、刘玉新：《反生产行为的理论述评》，《学术研究》2008 年第 12 期，第 80—90 页。

② Hershcovis, M., Turner, N., Barling, J., Arnold, K., Dupré, K., Inness, M., et al. (2007), "Predicting Workplace Aggression: A Meta-analysis", *Journal of Applied Psychology*, 92 (1), 228 – 238.

③ Jones, D. (2009), "Getting even with One's Supervisor and One's Organization: Relationships among Types of Injustice, Desires for Revenge, and Counterproductive Work Behaviors", *Journal of Organizational Behavior*, 30 (4), 525 – 542.

④ Martinko, M. J., Gundlach, M. J., & Douglas, S. C. (2002), "Toward an Integrative Theory of Counterproductive Workplace Behavior: A Causal Reasoning Perspective", *International Journal of Selection and Assessment*, 10 (1 – 2), 36 – 50.

（2005）则认为组织压力性因素如组织限制、组织不公及人际冲突是反生产行为的主要情境诱因①。与前两者不同，Marcus 和 Schuler（2004）在其自我控制理论中将情境因素根据激发——控制维度区分为激发源与机会，前者强调情境因素对反生产行为的激发作用，后者则反映情境因素对反生产行为的控制作用②。因此，不论是从实证还是理论上，都表明反生产行为的形成在某种程度上与情境因素存在一定关联。然而并非所有的反生产行为都是由负面情境引起的。正如 Spector（2011）指出，压力因素并非所有反生产行为的根源，情境因素中的非压力因素如目标的吸引力也可能是造成一些特定反生产行为（如偷窃）发生的原因③。由此，Spector 在其最新提出的整合模型中将压力源改为情境刺激，并认为非压力因素导致的反生产行为具有主动性（proactive），而压力情绪驱动的反生产行为则是一种反应性（reactive）行为。Spector 等人的最新研究进一步证实了情境因素与反生产行为之间存在特定联系，因此，对情境因素的探讨将有助于进一步理解反生产行为的形成机制。

二 认知因素

认知因素反映个体对情境因素的认知加工过程，包括情境

① Spector, P. E., & Fox, S. (2005), "The Stressor-Emotion Model of Counter-productive Work Behavior", In S. Fox & P. E. Spector (Eds.), *Counterproductive Work Behavior: Investigations of Actors and Targets*, Washington, DC US: American Psychological Association, pp. 151 – 174.

② Marcus, B., & Schuler, H. (2004), "Antecedents of Counterproductive Behavior at Work: A General Perspective", *Journal of Applied Psychology*, 89 (4), 647 – 660.

③ Spector, P. (2011), "The Relationship of Personality to Counterproductive Work Behavior (CWB): An Integration of Perspectives", *Human Resource Management Review*, 21 (4): 342 – 352.

知觉、归因推理过程。情境知觉在反生产行为形成中具有先导作用。Spector 和 Fox（2005）认为被评估为压力源的情境因素会引起个体负面情绪反应进而导致反生产行为的发生[①]；Martinko、Gundlach 和 Douglas（2002）认为情境引起的不平衡知觉会影响个体对其进行因果推理并导致不同指向的反生产行为[②]；Marcus 和 Schuler（2004）则认为情境知觉是引发反生产行为的激发源和机会性因素[③]。情境知觉会引发个体对知觉的认知加工，Martinko 等人认为这种加工涉及因果推理的认知过程，受个体的认知归因风格（如指向性和稳定性）影响。指向性归因影响个体的情绪反应及与之相应的反生产行为表现；而稳定性归因则对个体是否实施反生产行为有影响。因此，如果个体把不平衡归结为不稳定的因素，那么就不会实施反生产行为，因为这些不稳定的因素无法预料，个体也不会为此感到内疚或愤怒并产生行为反应；相反，如果个体把不平衡归结为稳定的因素，那么就会根据内部或是外部的归因指向而发生不同类型的反生产行为。例如，把不平衡归结为自己内部稳定的因素如能力不足，那么就可能发生自我破坏的反生产行为如旷工或早退；如果个体把不平衡归结为外部的稳定因素如努力不足，那么会发

① Spector, P. E., & Fox, S. (2005), "The Stressor-Emotion Model of Counterproductive Work Behavior", In S. Fox & P. E. Spector (Eds.), *Counterproductive Work Behavior: Investigations of Actors and Targets*, Washington, DC US: American Psychological Association, pp. 151 – 174.

② Martinko, M. J., Gundlach, M. J., & Douglas, S. C. (2002), "Toward an Integrative Theory of Counterproductive Workplace Behavior: A Causal Reasoning Perspective", *International Journal of Selection and Assessment*, 10 (1 – 2), 36 – 50.

③ Marcus, B., & Schuler, H. (2004), "Antecedents of Counterproductive Behavior at Work: A General Perspective", *Journal of Applied Psychology*, 89 (4), 647 – 660.

生指向外部的反生产行为如攻击行为。Spector 等人的研究表明：
具有外控型归因风格的个体倾向于把压力归结为情境因素并实
施反生产行为①。

三　情绪因素

情绪因素在反生产行为形成过程中有不容忽视的影响。
Martinko、Gundlach 和 Douglas（2002）的因果推理模型认为情
绪在归因推理与反生产行为关系中起到中介作用②。该模型认为
不同归因结果导致个体的不同情绪反应，如内疚和负罪感会导
致自我破坏的反生产行为如酗酒，而愤怒和敌意则会导致指向
外部的反生产行为如攻击、报复等。就此看来，归因推理在个
体对情境因素评估中起到贴标签的效果，而标签化效果是否导
致反生产行为及其具体表现形式离不开情绪加工的作用。

Spector 和 Fox（2005）提出的压力源—情绪模型认为反生
产行为产生的关键在于压力知觉引起个体的某种负面情绪反
应，这种负面情绪在反生产行为形成过程中起到承前启后的重
要作用，由此，反生产行为形成遵循压力—情绪—反生产行为
的因果链。该模型强调了情绪在反生产行为形成过程中的中心
作用，模型中涉及的情绪变量包括情绪状态和情绪特质（如焦

---

① Spector, P. (1988), "Development of the Work Locus of Control Scale", *Journal of Occupational Psychology*, 61 (4), 335 – 340. Fox, S., & Spector, P. E. (1999), "A Model of Work Frustration-Aggression", *Journal of Organizational Behavior*, 20 (6), 915 – 931.

② Martinko, M. J., Gundlach, M. J., & Douglas, S. C. (2002), "Toward an Integrative Theory of Counterproductive Workplace Behavior: A Causal Reasoning Perspective", *International Journal of Selection and Assessment*, 10 (1 – 2), 36 – 50.

虑特质）①。情绪状态可分为两种：即时情绪和持续性情绪（如抑郁）。该模型并未对这两种状态进行区分，测量模型主要关注的情绪状态为即时情绪，缺少对持续性情绪与反生产行为关系的探讨②。事实上，工作场所常见的持续性的负面情绪状态如抑郁和情绪枯竭（倦怠表现之一）和员工的行为具有密切的联系，但近十年的研究对这两种情绪与反生产行为关系的探讨还较少。近期有学者关注到了这个问题。Krischer、Peney 和 Hunter（2010）的研究发现生产越轨（production deviance）和撤退（withdrawal）与以情绪为中心的应对方式有关，员工用这两种形式的反生产行为来应对并调节因分配不公引起的情绪枯竭③。压力源—情绪模型的另外一个不足就是不能解释一些不受负面情绪驱动的特定反生产行为（如偷窃）的形成机制。Spector（2011）也注意到了这一点，他发现一些反生产行为表现出明显的工具性目的（如占有财物），并非受情绪驱动而产生，他将这类非受情绪驱动的反生产行为称为主动性反生产行为④。

计划行为理论也注意到了情绪对行为的影响。Ajzen 和 Driver

① Spector, P. E., & Fox, S. (2005), "The Stressor-Emotion Model of Counter-productive Work Behavior", In S. Fox & P. E. Spector (Eds.), *Counterproductive Work Behavior: Investigations of Actors and Targets*, Washington, DC US: American Psychological Association, pp. 151 – 174.

② Spector, P., Fox, S., & Domagalski, T. (2006), "Emotions, Violence, and Counterproductive Work Behavior", *Handbook of Workplace Violence*, 29 – 46.

③ Krischer, M. M., Penney, L. M., & Hunter, E. M. (2010), "Can Counter-productive Work Behaviors be Productive? CWB as Emotion-focused Coping", *Journal of Occupational Health Psychology*, 15 (2), 154 – 166.

④ Spector, P. (2011), "The Relationship of Personality to Counterproductive Work Behavior (CWB): An Integration of Perspectives", *Human Resource Management Review*, 21 (4): 342 – 352.

（1992）认为情感性成分和工具性认知成分共同影响个体的行为态度，这种共同影响表现为一种互补的方式：积极的情感性成分会抵消负面的工具性认知，消极的情感性成分会被积极的工具性认知所抵消①。因此，根据计划行为理论，个体实施反生产行为与否不仅要考虑其对反生产行为的工具性态度，还要考虑个体对反生产行为的情感性态度，两者互为补充，共同决定个体对反生产行为的态度，并通过行为意向进而影响反生产行为。同时，Ajzen 等还发现行为过程情绪体验与情感性态度具有显著的相关关系，提示行为过程的情绪体验可能会影响个体对行为的情感性态度。Spector 和 Fox（2010）在关于组织公民行为（OCB）和反生产行为的相互转换中也提到了这一点，他认为个体在实施反生产行为后可能由于愧疚感而导致其通过实施 OCB 来减少自己的愧疚感；同样，当个体实施 OCB 后未能得到相应的回报，也可能产生不满或愤怒等情绪进而通过实施反生产行为来表达这种负面情绪②。

通过对上述理论的分析可以看出：因果推理理论和压力源—情绪理论将情绪视为个体对情境因素认知加工的产物，并对反生产行为产生驱动作用；而计划行为理论则关注个体的情感性态度和情绪体验对行为的间接影响。事实上，这些理论涉及的情绪要素在反生产行为形成过程中并不冲突。因果推理理论和压力源—情绪理论强调了情绪因素是反生产行为形成过程中远端机制（distal mechanism）的加工结果，关注情绪在情

---

① Ajzen, I., & Driver, B. (1992), "Application of the Theory of Planned Behavior to Leisure Choice", *Journal of Leisure Research*, 24 (3), 207 – 224.

② Spector, P. E., & Fox, S. (2010), "Theorizing about the Deviant Citizen: An Attributional Explanation of the Interplay of Organizational Citizenship and Counterproductive Work Behavior", *Human Resource Management Review*, 20 (2), 132 – 143.

境因素与反生产行为关系中的中介效应；而计划行为理论则强调了情绪因素在反生产行为形成过程中近端机制（proximal mechanism）的作用，更关注情绪与反生产行为本身的关系。由此，这三个理论所涉及的情绪因素在整个反生产行为形成过程中有相互嵌套的可能（见图2－2）。

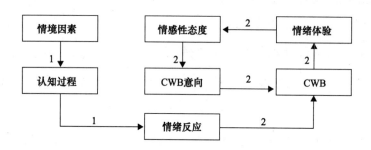

图2－2　情绪因素与反生产行为形成过程

注：图中标1的箭头代表因果推理理论和压力源—情绪模型关于情绪在远端机制与反生产行为关系的中介作用；标2的箭头代表计划行为理论关于情绪在反生产行为形成过程中近端机制的作用。

从已有研究来看，因果推理理论和压力源—情绪模型关于情绪因素在反生产行为形成过程中的中介作用在许多研究中已得到证实[①]，但关于反生产行为实施情绪体验与随后反生产行为

[①]　Fox, S., Spector, P., & Miles, D. (2001), "Counterproductive Work Behavior (CWB) in Response to Job Stressors and Organizational Justice: Some Mediator and Moderator Tests for Autonomy and Emotions", *Journal of Vocational Behavior*, 59 (3), 291 – 309. Neuman, J. H., & Baron, R. A. (2005), "Aggression in the Workplace: A Social-Psychological Perspective", In S. Fox & P. E. Spector (Eds.), *Counterproductive Work Behavior: Investigations of Actors and Targets*, Washington, DC US: American Psychological Association, 13 – 40. Bies, R. J., & Tripp, T. M. (2005), "The Study of Revenge in the Workplace: Conceptual, Ideological, and Empirical Issues", In S. Fox & P. E. Spector (Eds.), *Counterproductive work behavior: Investigations of actors and targets*, Washington, DC US: American Psychological Association, 65 – 81.

表现的关系目前还缺乏足够的实证研究探讨。

四　动机因素

彭贺（2010）认为早期反生产行为研究领域对行为背后的动机性因素还缺乏足够的关注[①]，近期国外的研究已经开始注意到动机性因素对反生产行为的影响。Diefendorff（2007）研究发现逃避失败动机对反生产行为有预测作用[②]。Krische（2010）的研究表明一些反生产行为（退缩和生产越轨）具有缓解压力的动机性因素[③]。Hung（2009）的研究则发现反生产行为受报复性动机（报复组织或报复同事）的驱动[④]。与此类似，Kelloway（2010）认为反生产行为具有获得社会认同、抗议不公及工具性（达到某种特定目的）三类动机[⑤]。Spector（2011）也认为，一些反生产行为可能由不同的动机因素驱动，既可能是对挑衅的回应，也可能是受工具性动机驱动以达到某种目的，后者不受

[①]　彭贺：《反生产行为理论研究综述》，《管理学报》2010 年第 6 期，第 834 - 840、873 页。

[②]　Diefendorff, J. M., & Mehta, K. (2007), "The Relations of Motivational Traits with Workplace Deviance", *Journal of Applied Psychology*, 92, 967 - 977.

[③]　Krischer, M. M., Penney, L. M., & Hunter, E. M. (2010), "Can Counterproductive Work Behaviors be Productive? CWB as Emotion-focused Coping", *Journal of Occupational Health Psychology*, 15, 154 - 166.

[④]　Hung, T., Chi, N., & Lu, W. (2009), "Exploring the Relationships between Perceived Coworker Loafing and Counterproductive Work Behaviors: The Mediating Role of a Revenge Motive", *Journal of Business and Psychology*, 24, 257 - 270.

[⑤]　Kelloway, E., Francis, L., Prosser, M., & Cameron, J. (2010), "Counterproductive Work Behavior as Protest", *Human Resource Management Review*, 20, 18 - 25.

情绪驱动①。上述研究表明,动机性因素在反生产行为过程中的作用机制可能是多方面的,既有可能是为达到某些目标,也有可能是为逃避某些压力性情境。

Bowling(2010)提出了两类侵犯行为(反生产行为表现之一),即敌意侵犯和工具性侵犯,前者由情绪驱动,而后者则由认知驱动,两者最主要的区别在于侵犯动机的差异②。以散播关于同事的谣言这一侵犯形式为例:如果散播谣言仅是为了打击同事,此时散播谣言属于情绪驱动的敌意侵犯;如果为了职务晋升而散播谣言以打击竞争对手,此时散播谣言则属于认知驱动的工具性侵犯。由此,根据 Bowling 的观点,结合上述反生产行为动机的实证研究发现,本书认为,反生产行为的动机性因素可以被粗略区分为两类:一类是情绪性动机,一类是工具性动机。前者和情境因素导致的个体情绪失衡相联系(情绪驱动),后者则与个体的某种特定行为目标相联系(工具性认知驱动)。同时,上述研究表明,反生产行为的情绪性动机的影响因素来自个体对情境因素的认知及相应的情绪,而工具性动机则与特定目标相联系,不受情绪驱动。

值得一提的是,同一种动机性因素也可能导致不同的反生产行为表现,如为了报复组织分配不公,有的员工可能通过偷窃财物来达到这一目的,有的可能是通过消极怠工来实现;同

① Spector, P. (2011), "The Relationship of Personality to Counterproductive Work Behavior (CWB): An Integration of Perspectives", *Human Resource Management Review*, 21 (4): 342 – 352.

② Bowling, N., Wang, Q., Tang, H., & Kennedy, K. (2010), "A Comparison of General and Work-specific Measures of Core Self-evaluations", *Journal of Vocational Behavior*, 76, 559 – 566.

时，不同的动机性因素也可能表现出同一种反生产行为，例如，同样是消极怠工，有的可能是因为报复组织分配不公，有的可能是因为互动不公导致。目前反生产行为研究领域的一些重要理论都缺少对反生产行为的动机性因素的分析，对动机在反生产行为过程中的作用机制的实证研究也相对较少，因此，未来反生产行为领域要加强对动机与反生产行为的关系研究，并将其整合到已有的理论模型中。

五　行为意向因素

虽然负面情境和情绪等因素可能诱发员工反生产行为，但是情境、认知及情绪和员工反生产行为之间还存在一个可能的中间变量，亦即员工在多大程度上有实施反生产行为的意向。例如，假设某员工感受到组织对自己不公，由此产生愤怒情绪，那么他是否就一定会实施反生产行为？可能会有两种结果：会或不会。在会与不会之间，员工对反生产行为的实施意向起到一个调节作用，一个合理的推测是：具有高反生产行为意向的员工更有可能实施反生产行为，而具有低反生产行为意向的员工可能缺乏强烈的意愿去实施反生产行为。根据计划行为理论[①]，个体的行为意向受到态度、主观规范及知觉行为控制三个因素的直接影响，其中，知觉行为控制不仅对行为意向有影响，还对行为本身有直接预测效应。Armitage 和 Conner（2001）的元分析显示：计划行为理论对基于自评法和他评法的行为的总

---

① Ajzen, I. (1991), "The Theory of Planned Behavior", *Organizational Behavior and Human Decision Processes*, 50（2）, 179 – 211. Ajzen, I. (2002), "Perceived Behavioral Control, Self-Efficacy, Locus of Control, and the Theory of Planned Behavior1", *Journal of Applied Social Psychology*, 32（4）, 665 – 683.

体解释方差分别为31%和20%。其中,行为意向可以单独解释22%的行为方差,行为意向和知觉行为控制合并则可以解释27%的行为方差;态度、主观规范和知觉行为控制对行为意向的总体解释方差为39%,在这三个变量中,主观规范对行为意向的解释方差最弱(12%),而态度对行为意向的解释方差最强(24%)[①]。近期有学者(Henle、Reeve 和 Pitts,2010)采用计划行为理论对时间偷窃(反生产行为表现之一)的研究表明:态度对时间偷窃意向的解释方差为25%,这和 Armitage 等人的元分析的结果基本一致。但主观规范对时间偷窃意向的解释方差则为8%,高于知觉行为控制的4%;而且,行为意向对时间偷窃的解释方差高达71%[②],远远高于 Armitage 等人的元分析结果,提示一些特殊类型反生产行为受个体行为意向的影响较大。

六　人格因素

在反生产行为认知环节中,一些人格特质对个体的知觉和认知归因过程具有一定影响,这些人格特质包括控制源、大五人格、自恋及核心自我评价等。控制源(locus of control)反映个体对行为或事件结果的一般化归责倾向,表现为内控型与外控型两种倾向,对个体的认知推理过程有重要影响。Spector 等人的研究表明:具有外控型归责倾向的个体倾向于把压力归结

---

① Armitage, C., & Conner, M. (2001), "Efficacy of the Theory of Planned Behaviour: A Meta-analytic Review", *British Journal of Social Psychology*, 40 (4), 471 – 499.

② Henle, C. A., Reeve, C. L., & Pitts, V. E. (2010), "Stealing Time at Work: Attitudes, Social Pressure, and Perceived Control as Predictors of Time Theft", *Journal of Business Ethics*, 94 (1), 53 – 67.

为情境因素并实施反生产行为[①]。大五人格包括尽责性、宜人性、神经质性、外向性和开放性五个维度，其中尽责性在许多元分析中都被发现与反生产行为具有密切关联，但其他四个维度同反生产行为的关系则未能得到统一结论[②]。近年一些学者对大五人格在反生产行为认知环节中的作用机制进行了探讨，发现大五人格对个体情境知觉具有一定影响。Flaherty 和 Moss（2007）考察了大五人格在反生产行为形成过程中对组织公正知觉的调节效应，发现神经质性与群体外公正感（一种对组织中其他群体在分配和程序上是否和自己受到同样待遇的公正知觉）、宜人性与分配不公感存在显著的交互作用[③]。Bowling 和 Eschleman（2010）的研究也发现反生产行为形成过程中尽责性、宜人性对角色压力知觉、组织限制知觉及人际冲突知觉的交互效应显著[④]，指出大五人格在反生产行为形成过程中对个体

① Spector, P. (1988), "Development of the Work Locus of Control Scale", *Journal of Occupational Psychology*, 61 (4), 335 – 340. Fox, S., & Spector, P. E. (1999), "A Model of Work Frustration-aggression", *Journal of Organizational Behavior*, 20 (6), 915 – 931.

② Salgado, J. F. (2002), "The Big Five Personality dimensions and Counterproductive Behaviors", *International Journal of Selection and Assessment*, 10 (1/2), 117 – 125. Dalal, R. S. (2005), "A Meta-analysis of the Relationship between Organizational Citizenship Behavior and Counterproductive Work Behavior", *Journal of Applied Psychology*, 90 (6), 1241 – 1255. Bolton, L. M. R., Becker, L. K., & Barber, L. K. (2010), "Big Five Trait Predictors of Differential Counterproductive Work Behavior Dimensions", *Personality and Individual Differences*, 49 (5), 537 – 541.

③ Flaherty, S., & Moss, S. (2007), "The Impact of Personality and Team Context on the Relationship between Workplace Injustice and Counterproductive Work Behavior", *Journal of Applied Social Psychology*, 37 (11), 2549.

④ Bowling, N. A., & Eschleman, K. J. (2010), "Employee Personality as a Moderator of the Relationships between Work Stressors and Counterproductive Work Behavior", *Journal of Occupational Health Psychology*, 15 (1), 91 – 103.

情境知觉存在调节效应。

自恋特质（Narcissism）在反生产行为形成过程中会影响个体的知觉过程。所谓自恋是指虚假夸大的自我优越感，高自恋者倾向于将情境事件知觉为威胁并做出攻击反应[1]。元分析显示：自恋和冲动性密切相关，两者都与攻击行为相联系[2]。实验研究也表明：高自恋倾向的个体会将他人的侮辱知觉为对自我的威胁，并实施攻击行为[3]。自恋与反生产行为具有密切联系，近期一份调查显示，表现出反生产行为的员工最明显的人格特质是自恋[4]。相关实证研究发现：自恋对基于自评法测量的反生产行为预测效应不明显，但对基于他评法的反生产行为有显著预测效应，而且这种预测效应独立于大五人格之外[5]；自恋对工作限制和反生产行为关系还具有调节效应，表现为随着工作限制的增强，高自恋个体比低自恋个体表现出更高水平的反生产

① Baumeister, R., & Smart, L. (1996), "Relation of Threatened Egotism to Violence and Aggression: The Dark Side of High Self-Esteem", *Psychological Review*, 103, 5 – 33.

② Vazire, S., & Funder, D. (2006), "Impulsivity and the Self-defeating Behavior of Narcissists", *Personality and Social Psychology Review*, 10 (2), 154 – 165.

③ Bushman, B., & Baumeister, R. (1998), "Threatened Egotism, Narcissism, Self-esteem, and Direct and Displaced Aggression: Does Self-love or Self-hate Lead to Violence?" *Journal of Personality and Social Psychology*, 75 (1), 219 – 229.

④ Sussman, L., & Kline, J. (2007), "Who are the Difficult Employees? Psychopathological Attributions of their Co-workers", *Journal of Business & Economics Research*, 5 (10),47 – 62.

⑤ Judge, T., LePine, J., & Rich, B. (2006), "Loving yourself Abundantly: Relationship of the Narcissistic Personality to selfand other Perceptions of Workplace Deviance, Leadership, and Task and Contextual Performance", *Journal of Applied Psychology*, 91 (4), 762 – 775.

行为①。Spector（2011）认为自恋会影响反生产行为形成中的认知过程，如影响个体对情境因素的知觉，是一种认知过滤机制，会诱发反应性反生产行为②。

核心自我评价（core self-evaluation，CSE）对反生产行为认知环节也存在一定影响。核心自我评价是指个体对自己最基础的评价，反应个体积极的自我概念③。CSE 会激活行为动机并导致特定行为表现，对员工的工作行为具有预测作用④。Bowling、Wang、Tang 和 Kennedy（2010）采用了一般 CSE 和基于工作情境（work-specific）的 CSE 两种测量方式比较两者对员工反生产行为的影响，发现基于工作情境的 CSE 对人际指向和组织指向的反生产行为均有负向预测效应⑤。CSE 对反生产行为认知环节的影响表现在知觉和认知归因两方面。在知觉影响方面，有研究表明：高 CSE 的员工在工作情境中倾向于注意与自我积极概念一致的信息，而低 CSE 的员工则倾向于关注消极的工作信息，

---

①　Penney, L., & Spector, P. (2002), "Narcissism and Counterproductive Work Behavior: Do Bigger Egos Mean Bigger Problems?" *International Journal of Selection and Assessment*, 10 (1&2), 126 – 134.

②　Spector, P. (2011), "The Relationship of Personality to Counterproductive Work Behavior (CWB): An Integration of Perspectives", *Human Resource Management Review*, 21 (4): 342 – 352.

③　Judge, T., & Bono, J. (2001), "Relationship of Core Self-evaluations Traits-self-esteem, Generalized Self-efficacy, Locus of Control, and Emotional Stability-with Job Satisfaction and Job Performance: A Meta-analysis", *Journal of Applied Psychology*, 86 (1),80 – 92.

④　Erez, A., & Judge, T. (2001), "Relationship of Core Self-evaluations to Goal Setting, Motivation, and Performance", *Journal of Applied Psychology*, 86 (6), 1270.

⑤　Bowling, N., Wang, Q., Tang, H., & Kennedy, K. (2010), "A Comparison of General and Work-specific Measures of Core Self-evaluations", *Journal of Vocational Behavior*, 76 (3), 559 – 566.

由此，高 CSE 的个体通常会给同事或上级以较好的印象，并在人际互动中更少受到来自上级或同事（人际指向）的反生产行为的影响①。在认知归因方面，Martinko、Gundlach 和 Douglas（2002）认为 CSE 影响反生产行为形成过程中涉及的认知归因过程，表现为 CSE 四个维度对归因风格的影响，如一般化自我效能高的个体会形成自我服务的归因风格，而自尊心高低则同个体的乐观风格和悲观风格相联系②。

人格特质对反生产行为形成过程中的情绪环节也有一定影响，这些人格特质包括大五人格、消极情绪易感性（negative affectivity，NA）、易怒特质（trait anger）及焦虑特质（trait anxiety）等。在大五人格方面，Yang 和 Diefendorff（2009）考察了反生产行为形成过程中大五人格对个体负面情绪的影响，结果发现尽责性和宜人性对负面情绪有调节效应，表现为较高水平的尽责性和宜人性会降低个体的负面情绪反应，并随之减少反生产行为表现③；Rodell 和 Judge（2009）的研究则发现：神经质性在反生产行为形成过程中对个体的负面情绪有显著放大效应，表现为高神经质性个体会体验到更强的愤怒、焦虑等负面

---

① Scott, B., & Judge, T. (2009), "The Popularity Contest at Work: Who Wins, Why, and What do they Receive", *Journal of Applied Psychology*, 94 (1), 20. Wu, T. (2009), "Abusive Supervision and Employee Emotional Exhaustion", *Group & Organization Management*, 34 (2), 143 – 169.

② Martinko, M. J., Gundlach, M. J., & Douglas, S. C. (2002), "Toward an Integrative Theory of Counterproductive Workplace Behavior: A Causal Reasoning Perspective", *International Journal of Selection and Assessment*, 10 (1–2), 36 – 50.

③ Yang, J., & Diefendorff, J. M. (2009), "The Relations of Daily Counterproductive Workplace Behavior with Emotions, Situational Antecedents, and Personality Moderators", *A diary study in Hongkong Personnel Psychology*, 62 (2), 259 – 295.

情绪①。NA、易怒特质及焦虑特质是近十年来反生产行为研究领域学者们关注的三种负面情绪特质。在这三种特质中，易怒特质和焦虑特质对人际指向和组织指向的反生产行为均有直接影响；而 NA 对两种指向的反生产行为无直接影响。易怒特质对人际冲突、焦虑特质对组织限制均有调节效应，并通过负面情绪影响人际指向的反生产行为②；NA 对组织限制、人际冲突均有调节效应，并对反生产行为具有显著影响③。尽管已有研究并未直接探讨三类负面情绪特质在反生产行为形成过程中对情绪环节的影响，但纵向研究表明，负面情绪特质对工作中的负面情绪具有稳定的预测效应④，同时，已有研究也证实了负面情绪在反生产行为形成过程中的中介作用。由此可以推测，负面情绪特质会影响反生产行为形成过程中的情绪加工过程，而且不

---

① Rodell, J. B., & Judge, T. A. (2009), "Can 'Good' Stressors Spark 'Bad' Behaviors? The Mediating Role of Emotions in Links of Challenge and Hindrance Stressors With Citizenship and Counterproductive Behaviors", *Journal of Applied Psychology*, 94 (6), 1438 –1451.

② Fox, S., Spector, P., & Miles, D. (2001), "Counterproductive Work Behavior (CWB) in Response to Job Stressors and Organizational Justice: Some Mediator and Moderator Tests for Autonomy and Emotions", *Journal of Vocational Behavior*, 59 (3), 291 – 309. Hershcovis, M., Turner, N., Barling, J., Arnold, K., Dupré, K., Inness, M., et al. (2007), "Predicting Workplace Aggression: A Meta-analysis", *Journal of Applied Psychology*, 92 (1), 228 –238.

③ Penney, L., & Spector, P. (2005), "Job Stress, Incivility, and Counterproductive Work Behavior (CWB): The Moderating Role of Negative Affectivity", *Journal of Organizational Behavior*, 26 (7), 777 –796.

④ Rolland, J. P., & De Fruyt, F. (2003), "The Validity of FFM Personality Dimensions and Maladaptive Traits to Predict Negative Affects at Work: A Six Month Prospective Study in a Military Sample", *European Journal of Personality*, 17 (s1), s101 –s122.

同的情绪加工结果还可能和不同的反生产行为表现相联系①。

七　控制因素

反生产行为的控制因素主要涉及反生产行为的个体控制与外部控制，在反生产行为理论中，计划行为理论和自我控制论都注意到了行为控制问题。计划行为理论认为大多数行为都处于个体的意志控制之下，因此可以从其行为意向来预测其行为；但在某些情境下，个体的行为不完全受其意志控制，此时个体的行为不仅受其行为意向影响，还受到知觉行为控制（perceived behavioral control，PBC）的影响②。所谓 PBC 是指个体能否成功实施某种行为的知觉受到个体控制信念的影响，控制信念反映个体对促进或者阻碍行为实施的特定因素的认知。PBC不仅会直接影响个体行为表现（如努力和坚持），还会通过影响个体的行为意向间接影响其行为；PBC 反映了个体对外部因素（阻碍或促进）的知觉③和对行为本身的控制感④。由此，根据计划行为理论，高水平的行为控制感会促进个体实施反生产行为的意向或行为，表现在以下两个方面：当个体感觉外部因素有利于

①　Martinko, M. J. , Gundlach, M. J. , & Douglas, S. C. （2002）, "Toward an Integrative Theory of Counterproductive Workplace Behavior: A Causal Reasoning Perspective", *International Journal of Selection and Assessment*, 10（1 - 2）, 36 - 50.

②　Ajzen, I. （1991）, "The Theory of Planned Behavior", *Organizational Behavior and Human Decision Processes*, 50（2）, 179 - 211.

③　Armitage, C. , & Conner, M. （2001）, "Efficacy of the Theory of Planned Behaviour: A Meta-analytic Review", *British Journal of Social Psychology*, 40（4）, 471 - 499.

④　Ajzen, I. （2002）, "Perceived Behavioral Control, Self-Efficacy, Locus of Control, and the Theory of Planned Behavior1", *Journal of Applied Social Psychology*, 32（4）,665 - 683.

实施反生产行为时（如"领导不在，我可以早退"），其反生产行为意向（如我要早退）会增强并影响其行为（如早退）；当个体对行为本身的控制感较强时（如我有能力实施偷窃行为），其反生产行为意向也会增强并导致相应行为（如偷窃）。

计划行为理论关注的是个体行为控制感对反生产行为意向及行为的促进作用，而自我控制论则关注控制因素对反生产行为的抑制作用[①]。该理论将反生产行为的控制因素根据情境—个人维度划分为外部控制和内部控制两个方面。外部控制包括组织监控、群体规范等因素。个体内部控制主要包括三个因素：人格、认知能力及行为态度。人格因素包括尽责性、情绪稳定性、冲动性人格等特质，认知能力则反映了一般化智力或对特定反生产行为认知能力（参见前文关于反生产行为认知因素的分析），态度因素则体现了个体对反生产行为的宽容度、考虑或沉思反生产行为的频次与程度、考虑反生产行为实施的容易度及对反生产行为的正当化判断程度[②]。

从上述两个理论中关于反生产行为控制的观点中可以发现：两者存在一些共同要素，仅在理论分析角度上有差异。自我控制论从情境因素角度分析，计划行为理论则是从个体角度分析。如计划行为理论的主观规范就反映了群体规范（外部控制）对反生产行为影响的主观知觉，同样 PBC 也反映了个体对反生产行为的阻碍或促进因素如组织监控（外部控制）的主观知觉。

---

① Marcus, B., & Schuler, H. (2004), "Antecedents of Counterproductive Behavior at Work: A General Perspective", *Journal of Applied Psychology*, 89 (4), 647 – 660.

② Berry, C. M., Sackett, P. R., & Wiemann, S. (2007), "A Review of Recent Developments in Integrity Test Research", *Personnel Psychology*, 60 (2), 271 – 301.

此外,行为态度因素也是两个理论中的共同要素。

从近几年的研究来看,对反生产行为的控制因素研究较多的是外部因素的控制。有研究发现:随着群体人数的增多,正式规范对群体的影响增强,非正式规范的影响减弱,而与此相对的是,反生产行为呈下降趋势[1];当员工的诚信度比较低时,组织约束对员工的反生产行为有显著影响[2]。

八　认知能力因素

近年来一些学者对个体认知能力和反生产行为的关系进行了探讨,并借鉴了犯罪行为研究领域相关成果以解释两者的关系。犯罪行为理论认为,认知能力是影响个体实施犯罪行为的重要因素,表现为对"行为短期获益和长期代价"的认知,罪犯通常对犯罪行为的长期代价缺乏足够认知[3]。Marcus 和 Schuler (2004) 吸收了这一结论,将认知能力视为个体的内部控制因素之一[4]。Dilchert、Ones、Davis 和 Rostow (2007) 认为认知能力对反生产行为实施与否的影响表现为认知抑制效应,即对

① Kwok, C., Au, W., & Ho, J. (2005), "Normative Controls and Self—Reported Counterproductive Behaviors in the Workplace in China", *Applied Psychology*, 54 (4),456 – 475.

② Fine, S., Horowitz, I., Weigler, H., & Basis, L. (2010), "Is Good Character Good Enough? The Effects of Situational Variables on the Relationship between Integrity and Counterproductive Work Behaviors", *Human Resource Management Review*, 20 (1), 73 – 84.

③ Gottfredson, M., & Hirschi, T. (1990), *A General Theory of Crime*, Stanford Univ Pr.

④ Marcus, B., & Schuler, H. (2004), "Antecedents of Counterproductive Behavior at Work: A General Perspective", *Journal of Applied Psychology*, 89 (4), 647 – 660.

行为长期代价的认知抑制反生产行为的实施①。从实证研究来看，认知能力在概念操作化上存在不一致的问题，表现为两类。其中一类研究将认知能力操作化为一般智力水平，如 Dilchert 等人，Roberts、Harms、Caspi 和 Moffitt（2007）及 Marcus、Wagner、Poole、Powell 和 Carswell（2009）的研究都采用个体的一般智力分数作为认知能力的得分，但研究结果不尽一致。Dilchert 等人的研究表明认知能力（言语推理和抽象理解能力）对反生产行为有负向预测效应，Roberts 的研究则显示认知能力（孩童时期韦克斯勒智力量表得分均值）对反生产行为具有正向预测效应②，而 Marcus 的研究却发现认知能力（一般智力）对反生产行为无影响③。另一类研究则基于工作情境的认知能力测量方式，如 Postlethwaite、Robbins、Rickerson 和 McKinnis（2009）与 Woon 和 Pee（2004）的研究。前者对认知能力（与工作相关的阅读与数学应用技能）与工作场所安全行为的关系进行了研究，发现认知能力对员工安全行为具有负向预测效应，而且人格特质（尽责性）水平的高低都不影响这一结果④；后者

---

① Dilchert, S., Ones, D., Davis, R., & Rostow, C. (2007), "Cognitive Ability Predicts Objectively Measured Counterproductive Work Behaviors", *Journal of Applied Psychology*, 92 (3), 616 – 627.

② Roberts, B., Harms, P., Caspi, A., & Moffitt, T. (2007), "Predicting the Counterproductive Employee in a Child-to-adult Prospective Study", *Journal of Applied Psychology*, 92 (5), 1427 – 1436.

③ Marcus, B., Wagner, U., Poole, A., Powell, D., & Carswell, J. (2009), "The Relationship of GMA to Counterproductive Work Behavior Revisited", *European Journal of Personality*, 23, 489 – 507.

④ Postlethwaite, B., Robbins, S., Rickerson, J., & McKinniss, T. (2009), "The Moderation of Conscientiousness by Cognitive Ability when Predicting Workplace Safety Behavior", *Personality and Individual Differences*, 47 (7), 711 – 716.

对工作场所员工滥用互联网的研究表明,对滥用后果的认知对员工互联网滥用行为具有负向预测效应[①]。上述研究探讨了一般化认知能力(智力)和基于工作情境的认知能力对反生产行为的影响。前者的结论不尽一致;后者认为认知能力对反生产行为存在抑制效应,表现为基于工作情境的认知能力影响个体对其行为结果的认知,高水平认知能力个体能够充分认识到行为的负面后果并减少此类行为的发生。

与认知能力观相似的是,计划行为理论也认为个体对行为结果的认知会影响其行为实施。不同点在于,认知能力观强调对行为负面结果的认知对行为的直接抑制效应,而计划行为理论则认为对行为结果认知间接影响其行为。本书认为:计划行为理论与认知能力观都注意到对行为结果的认知对个体反生产行为的影响。但计划行为理论不仅考虑到了对行为结果的认知评估,还注意到了行为实施的规范性因素(主观规范)及个体对行为本身的控制感(知觉行为控制)对反生产行为的影响;相比之下,认知能力观的一元论观点缺乏对影响反生产行为的其他因素的考虑。此外,从近几年实证研究来看,认知能力的测量还存在概念操作化不成熟的问题,这也导致了研究结果的外部效度难以评估。

九 反生产行为的两种表现:主动性与反应性

Cullen、Sackett(2003)和 Spector(2011)都提到了反应

---

① Woon, I., & Pee, L. (2004), "Behavioral Factors Affecting Internet Abuse in the Workplace—An Empirical Investigation", Paper presented at the *Proceedings of the Third Annual Workshop on HCI Research in MIS*, Washington, D. C..

性反生产行为和主动性反生产行为的概念。前者是指个体在情境因素（如压力）影响下产生的反应性反生产行为，而后者则是指个体为了达到某种目的而采取的主动性的反生产行为。例如，个体因分配不公导致的消极怠工就是一种反应性反生产行为，而个体为了占有有吸引力的组织财物而主动实施的偷窃就是主动性反生产行为[①]。Spector（2011）认为反应性反生产行为和主动性反生产行为背后可能有不同的动机因素驱动。正如前文所述，情绪性动机和情境因素导致的个体情绪失衡相联系；而工具性动机则与个体的某种特定行为目标相联系，不受情绪驱动。因此，结合两位学者的观点，本书认为，情绪性动机一般和反应性反生产行为相联系，而工具性动机一般和主动性反生产行为相联系。

反应性反生产行为和主动性反生产行为的区别不仅来自其动机前因的差异，也来自其诱发性情境因素的差异（参见前文关于反生产行为情境环节的探讨）。反应性反生产行为的情境因素多表现为一种压力性情境（如组织不公），这种压力性情境往往导致个体的负面情绪反应，诱发情绪性动机，并最终导致个体实施反生产行为；而主动性反生产行为的情境因素多表现为一种对个体来说具有吸引力或意义的目标或情境（如财物、职务晋升等），这种情境性因素往往受个体的认知影响，诱发工具性动机，并导致相应的反生产行为。

---

　　① Cullen, M., & Sackett, P. (2003), "Personality and Counterproductive Workplace Behavior", *Personality and Work: Reconsidering the Role of Personality in Organizations*, 150–182. Spector, P. (2011), "The Relationship of Personality to Counterproductive Work Behavior (CWB): An Integration of Perspectives", *Human Resource Management Review*, 21 (4): 342–352.

第五节　反生产行为形成的理论假设模型

从近五年国内外研究来看，反生产行为领域的研究已经逐渐趋于整合。Spector（2011）提出了基于人格整合的反生产行为模型，同时也指出了动机性因素在反生产行为中的重要作用，为该领域的未来研究提供了一个可资借鉴的框架。本书在此基础上，从反生产行为形成过程的影响因素及机制出发，结合四个重要理论及相关实证研究发现，根据前文的分析，尝试提出整合理论模型（见图2-3）。

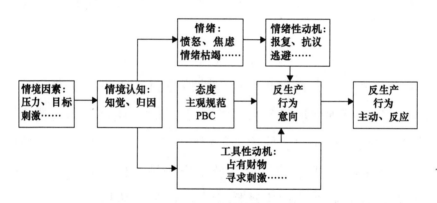

图2-3　反生产行为形成过程整合模型

图2-3显示的模型包括了两类反生产行为的因果链。情境因素包括压力、有吸引力的目标等因素，这些情境对员工来说不总是负面的，有的情境因素可能是一种有吸引力的情境（如无监控措施的组织财物），因此对员工反生产行为可能也具有激发作用。员工对这些情境的知觉和归因通过两种机制间接影响其随后的反生产行为表现。第一，对负面情

境（如组织不公）的觉知和归因推理引起员工的负面情绪反应（如不满愤怒），并诱发其情绪性动机如报复组织；第二，对有吸引力的情境（如预期实施反生产行为可能感受到的刺激和兴奋）的觉知引起员工的工具性动机，如占有财物、寻求刺激等，这种动机不受情绪驱动。在动机和反生产行为之间，还存在一个可能的缓冲机制，即反生产行为意向的水平。高水平反生产行为意向将增强员工实施反生产行为的可能性，即起到放大作用；而低水平反生产行为意向可能会对动机和反生产行为间的关系起到缓冲作用。

第六节　小结

反生产行为进入组织心理学家的视野已有三十多年，但是该领域系统研究的历史并不长。尽管早期研究发现了组织中存在各种反生产行为，但这些研究都比较零散，并未在反生产行为这一整体框架下展开。Robinson 和 Bennett（1995）对越轨行为进行的系统分类为反生产行为的整合性研究提供了一个基础[①]，Fox、Spector 和 Miles（2001）在 Robinson 等学者的研究基础上，率先将反生产行为视作一个整体，探讨其前因及机制，并提出了压力源—情绪—反生产行为模型[②]。紧随其后的是 Mar-

① Robinson, S., & Bennett, R. (1995), "A Typology of Deviant Workplace Behaviors: A Multidimensional Scaling Study", *Academy of Management Journal*, 38 (2), 555 – 572.

② Fox, S., Spector, P., & Miles, D. (2001), "Counterproductive Work Behavior (CWB) in Response to Job Stressors and Organizational Justice: Some Mediator and Moderator Tests for Autonomy and Emotions", *Journal of Vocational Behavior*, 59 (3), 291 – 309.

tinko 等（2002）提出的因果推理模型和 Marcus 等（2004）提出的自我控制论模型[①]，近期 Fox 和 Spector（2010）还注意到了反生产行为形成过程中近端机制（反生产行为意向）的影响，借鉴了计划行为理论中关于行为意向的理论，对反生产行为的认知过程进行了探讨[②]。在实证研究方面，多数研究都依据这四类理论模型框架展开，对反生产行为的前因变量及内在机制进行了大量的探讨，取得了丰硕的成果，为理解反生产行为的发生机制提供了宝贵的参考。

值得一提的是，目前反生产领域研究的多数成果均是在西方文化背景下完成的，而中国学者对反生产行为的关注力度稍显不足。从国内已经发表的反生产行为相关文献来看，实证研究在数量上还相当缺乏，而且针对中国本土的员工在反生产行为上的表现特点及结构是否和西方国家存在差异也稍有研究探讨，同时考虑到东西方文化背景的巨大差异，西方员工和我国员工在反生产行为的影响因素及机制上的相同点和差异点也有必要深入考察，西方的理论在多大程度上对我国员工反生产行为具有指导作用依然是未来研究需要考虑的问题。总体来看，反生产行为研究在我国尚处于起步阶段，不管是理论探讨还是实证研究都有待进一步加强。

近五年来，国内学者对反生产行为的研究逐渐增多。郭晓

① Martinko, M. J., Gundlach, M. J., & Douglas, S. C. (2002), "Toward an Integrative Theory of Counterproductive Workplace Behavior: A Causal Reasoning Perspective", *International Journal of Selection and Assessment*, 10 (1-2), 36-50. Marcus, B., & Schuler, H. (2004), "Antecedents of Counterproductive Behavior at Work: A General Perspective", *Journal of Applied Psychology*, 89 (4), 647-660.

② Fox, S., & Spector, P. (2010), "A 'Cold Cognitive' Approach to Complement 'Hot Affective' Theories of CWB", *The Dark Side of Management*, 93.

薇和严文华（2008）对反生产行为的概念及结构、前因及测量方式等进行了探讨，指出反生产行为与组织公民行为是独立又相关的两个概念，认为未来应该从本土化角度入手，并加强反生产行为的预防和干预研究①。张建卫和刘玉新（2008）认为，反生产行为概念的提出改变了过去绩效管理领域将周边绩效视为组织公民行为的做法，拓宽了周边绩效的外延，将组织管理者的视野延伸到以前被忽略但普遍存在于各类组织中的反生产行为上来，对组织绩效管理实践具有革命性的意义②。彭贺（2010、2011）对中国知识员工的反生产行为的维度、结构进行了探讨，他的研究采用了多维尺度分析和因子分析两种方法。多维尺度分析结果表明知识员工的反生产行为可从危害程度、不道德程度两个维度进行区分，而因子分析结果表明知识员工的反生产行为具体表现为失德行为、抵制行为、钻空子行为、消极服从行为、保守知识行为、撒谎行为六类③。刘玉新、张建卫和黄国华（2011）基于自我决定论的视角，探讨了员工内部动机定向在组织公正和反生产行为关系中的中介机制，结果发现组织公正不仅对员工反生产行为具有直接影响，还通过自我决定感对反生产行为产生间接影响④。

---

① 郭晓薇、严文华：《国外反生产行为研究述评》，《心理科学》2008 年第 31 卷第 4 期，第 936—939 页。

② 张建卫、刘玉新：《反生产行为的理论述评》，《学术研究》2008 年第 12 期，第 80—90 页。

③ 彭贺：《中国知识员工反生产行为分类的探索性研究》，《管理科学》2010 年第 23 卷第 2 期，第 86—93 页；彭贺：《知识员工反生产行为的结构及测量》，《管理科学》2011 年第 24 卷第 5 期，第 12—22 页。

④ 刘玉新、张建卫、黄国华：《组织公正对反生产行为的影响机制——自我决定论的视角》，《科学学与科学技术管理》2011 年第 32 卷第 8 期，第 162—172 页。

虽然反生产行为领域的研究在国内开始引起了一些学者的关注，但由于该领域研究在国内外都属于探讨阶段，其外在表现和内在的发生机制迫切需要进一步深入探讨，主要包括以下几个方面的问题：

一　本土化的反生产行为的表现及结构的实证研究相当缺乏

从国外实证研究来看，目前已经有两个运用较多的反生产行为测量工具，一个是 Bennett 和 Robinson（2000）开发的 19 个项目的越轨行为问卷，另外一个则是 Spector 和 Fox 等人（2006）开发的 45 个项目反生产行为清单。前者将反生产行为区分为两个维度即指向组织和指向人际，而后者则将反生产行为的具体表现归纳为五类：言语行为滥用、生产越轨、阴谋破坏、偷窃和工作退缩。而这五类行为在一定程度上也可以被指向组织和指向人际两个维度所解释[①]。然而国内关于员工反生产行为的表现及结构尚未达成共识，不同的研究采用了不同的测量方式和统计方法，得出的反生产行为在内容和结构上不尽相同，这也导致彼此间的研究结论难以相互印证，一定程度上阻碍了国内反生产行为研究的进展。因此，当前反生产行为研究领域一个相当迫切的任务是进行本土化问卷的开发。

---

① Spector, P. , Fox, S. , Penney, L. , Bruursema, K. , Goh, A. , & Kessler, S. (2006), "The Dimensionality of Counterproductivity: Are all Counterproductive Behaviors Created Equal?" *Journal of Vocational Behavior*, 68 (3), 446 – 460.

二　对工作场所常见反生产行为的了解还不够深入

尽管 Fox 等人（2001）正式提出了反生产行为这个概念，但近十年的研究关注的反生产行为则表现为总体反生产行为或特定反生产行为研究（如报复），而对工作场所具有普遍性的一些常见的反生产行为如时间偷窃缺乏足够的探讨。事实上，从组织实践管理角度来看，对员工常见反生产行为的研究具有极其重要的意义，因为一些不常见的反生产行为如偷窃在工作场所发生的概率相对来说较低，但诸如浪费工作时间等反生产行为具有普遍性，对这类反生产行为的研究具有重要的实践价值。

三　对员工态度、动机及工作价值观在反生产行为形成中的作用机制研究较少

工作态度是员工行为的一个非常重要的影响因素，然而目前反生产行为领域很少有研究对工作态度在反生产行为中的作用机制进行深入探讨。已有研究多关注组织压力、限制、工作要求等外部因素对员工反生产行为的影响，而对员工本身态度对反生产行为的作用机制尚不明确。动机因素近年来也开始受到学者关注，早期的反生产行为研究不仅缺乏对态度的探讨，也缺少对个体行为动机的深入分析，近年的研究表明，个体的反生产行为动机可以区分为两类，即情绪性动机和工具性动机，但对这两类动机在反生产行为中的作用及其与其他前因变量之间的关系探讨也不充分。工作价值观对员工心理行为具有重要影响，如人—组织的价值契合被许多研究发现影响员工的工作满意度、组织承诺、离职意向及组织公民行为，但目前反生产

行为领域对员工的个人工作价值和反生产行为间的关系及机制尚不明确，而一些员工常见的反生产行为如任务指向反生产行为可能和员工个人价值观有一定关联。

四　缺乏对其他人格变量在反生产行为形成过程中的作用机制考察

反生产行为研究领域的许多研究都关注大五人格在反生产行为形成过程中的作用，元分析也表明尽责性和神经质性对员工反生产行为有显著影响。但是员工大五人格是否是唯一对反生产行为有影响的人格特质？在大五人格之外，是否存在其他和反生产行为关联更密切的人格特质？近年来国外一些研究开始关注这个问题，对大五人格之外的其他人格变量如自恋特质在反生产行为形成过程中的作用进行了考察，发现自恋对反生产行为的预测效应独立于大五人格之外，而且对工作限制和反生产行为之间的关系具有显著调节效应。这些研究表明，虽然大五人格和反生产行为存在关联，但是在反生产行为形成过程中，依然存在其他一些特定的人格特质起着不可忽视的作用，这些人格特质不能被大五人格所取代，因此未来研究需进一步挖掘可能存在的和反生产行为具有显著关联的员工人格特质（如公正敏感性、敌意归因偏见），并对其和反生产行为之间的关系及其内在机制进行深入探讨。

五　缺少对反生产行为意向的研究

行为意向被认为是预测个体行为的最近端前因[①]。然而从近

---

① Ajzen, I. (1991), "The Theory of Planned Behavior", *Organizational Behavior and Human Decision Processes*, 50 (2), 179 – 211.

十年的研究来看，对反生产行为的意向研究相当少见，多数研究把反生产行为的实际发生频次作为结果变量对其前因及反生机制进行探讨，而对反生产行为意向的前因变量及其对行为的影响则少有关注。由于许多实证研究都发现行为意向对行为具有显著的预测效力，因此考察员工反生产行为的意向具有不言而喻的重要性。而且，实际存在的有反生产行为意向的员工比例有可能高于现实表现出来的有反生产行为的员工比例，这也是目前反生产行为研究领域所忽视的一个问题。

六　理论模型缺乏整合

当前反生产行为研究领域的几个重要理论多从员工内部心理加工过程出发，强调认知、情绪等因素在员工反生产行为发生、发展过程中的作用，但仅涉及反生产行为形成过程中一个或多个心理加工阶段，事实上，这些理论间存在共同要素，甚至可以相互嵌套[①]，因此，从整合的角度考察反生产行为形成过程中的影响因素及机制存在理论上的可能。

---

① 张建卫、刘玉新：《反生产行为的理论述评》，《学术研究》2008 年第 12 期，第 80—90 页。

第 三 章

基于层面理论的员工
反生产行为结构研究

第一节　问题的提出

国外一些经典研究采用多维尺度分析法发现反生产行为存在三种指向，分别为人际指向、组织指向及任务指向[1]。Spector、Fox、Penney、Bruursema、Goh 和 Kessler（2006）采用主题专家归类法虽然得出了五种反生产行为类型，但相关分析表明这五种类型也在一定程度上能够被上述组织和人际两个维度所解释[2]。在以中国为样本进行的结构研究中，Rotundo 和 Xie（2008）的研究与彭贺（2010）的研究都采取了类似的研究程

---

① Robinson, S., & Bennett, R. (1995), "A Typology of Deviant Workplace Behaviors: A Multidimensional Scaling Study", *Academy of Management Journal*, 38 (2), 555 – 572. Gruys, M. L., & Sackett, P. R. (2003), "Investigating the Dimensionality of Counterproductive Work Behavior", *International Journal of Selection and Assessment*, 11 (1), 30 – 42.

② Spector, P., Fox, S., Penney, L., Bruursema, K., Goh, A., & Kessler, S. (2006), "The Dimensionality of Counterproductivity: Are all Counterproductive Behaviors Created Equal?" *Journal of Vocational Behavior*, 68 (3), 446 – 460.

序和方法，即采用自陈法收集反生产行为项目，在此基础上由企业员工对这些行为项目进行相似度比较并运用多维尺度分析以期发现可能的维度①。但两者在研究结论上存在不一致情况，前者发现了组织—人际—任务三个维度，但后者的研究仅发现道德—严重性两个维度。通过考察这两个研究的维度命名过程可以发现，前者的研究在维度命名时仅根据维度中的项目内容进行主观判断，而后者则以人力资源专家分类标准对两个维度的空间坐标进行回归分析而得以进行维度命名，得出的结论存在较大差异。张建卫和刘玉新（2008）指出，我国儒家文化强调的核心价值对企业员工反生产行为具有不容忽视的影响，西方的反生产行为理论是否适合中国文化背景有待进一步验证②。因此，进一步探讨和检验本土化的员工反生产行为表现与结构非常必要。

应该注意的是，尽管国内外相关研究表明组织中可能存在组织—人际—任务三种指向的反生产行为，但一些研究也表明，这些反生产行为还存在危害性/严重性这一维度③。事实上，从国外的一些研究中可以发现，报告频次较高的反生产行为的危

---

① Rotundo，M.，& Xie，J. L.（2008），"Understanding the Domain of Counterproductive Work Behaviour in China"，*International Journal of Human Resource Management*，19（5），856–877. 彭贺：《中国知识员工反生产行为分类的探索性研究》，《管理科学》2010 年第 23 卷第 2 期，第 86—93 页。

② 张建卫、刘玉新：《反生产行为的理论述评》，《学术研究》2008 年第 12 期，第 80—90 页。

③ Robinson，S.，& Bennett，R.（1995），"A Typology of Deviant Workplace Behaviors：A Multidimensional Scaling Study"，*Academy of Management Journal*，38（2），555–572. 彭贺：《中国知识员工反生产行为分类的探索性研究》，《管理科学》2010 年第 23 卷第 2 期，第 86—93 页。

害程度相对较小[①]，Bowling 和 Gruys（2010）也指出，员工在危害程度较小的反生产行为上报告频次更高，而危害度较高的反生产行为报告频次则较低，提示危害度可能是影响反生产行为发生频次的一个重要原因[②]。

目前反生产行为结构定量研究存在两种研究方法，但这两种方法都存在一些争议。一是采用传统的多维尺度分析法考察反生产行为之间的相似性，并将相似性转换为空间点阵以发现潜在的行为结构；二是通过探索性因子分析和验证性因子分析等手段得到反生产行为的维度结构。多维尺度分析由于不受数据分布的限制，在反生产行为研究领域用得较多，但传统的多维尺度分析在分析对象相似度的时候常常会由于比较对象数量太多（n≥30）而产生系统误差问题。例如，假设有 30 种反生产行为，如果采用完全比较法收集相似度数据，那么被试就进行 n×（n-1）÷2 即 30×29÷2=435 次两两比较，这对被试来说基本上是不可能完成的任务。虽然一些学者就此专门进行了探讨，并提出了一些解决方法，但在比较对象较多的时候依然存在这个问题。例如，Tsogo、Masson 和 Bardot（2000）总结了

① Bennett, R., & Robinson, S. (2000), "Development of a Measure of Workplace Deviance", *Journal of Applied Psychology*, 85 (3), 349 – 360. Gruys, M. L., & Sackett, P. R. (2003), "Investigating the Dimensionality of Counterproductive Work Behavior", *International Journal of Selection and Assessment*, 11 (1), 30 – 42. Spector, P., Fox, S., Penney, L., Bruursema, K., Goh, A., & Kessler, S. (2006), "The Dimensionality of Counterproductivity: Are all Counterproductive Behaviors Created Equal?" *Journal of Vocational Behavior*, 68 (3), 446 – 460.

② Bowling, N. A., Gruys, M. L. (2010), "Overlooked Issues in the Conceptualization and Measurement of Counterproductive Work Behavior", *Human Resource Management Review*, 20 (1), 54 – 61.

前人的数据模拟结果，认为将比较的数量随机或循环删减 1/3 不会影响多维尺度分析的结果[①]，但显然当比较对象的数量基数较大时这一方法也不合适。Rao 和 Katz（1971）则提出了主观归类法和有限比较法以解决这一问题。主观归类法主要通过被试将 n 个比较对象根据 k 个标准进行组归类，每个组都可以生成一个 n×n 的相似度矩阵，k 个组取均值生成一个总的相似度矩阵。由此每个被试（S）对 n 个对象的组归类结果都可以生成一个 s×n×n 的三向矩阵（three-wave matrix），这就可以采用多维尺度分析对数据进行维度探索。主观归类法包括三种方式，这三种方式基本程序都差不多，不同点在于分类标准的数目 k 是否由研究者预先指定，或者是否进行分层组归类。有限比较法则是将 n 个比较对象轮流作为参照物，被试每次都从剩余的 n−1 个对象中选择 k 个对象与之比较，k 可以是预先指定，也可由被试自己决定。比较结果的记分可分为两种，一种是无序记分，一种是有序计分。如果选取的 k 个对象之间不需要进行相似度高低排序，则都记为 1 分，即无序记分；如果 k 个对象间要求进行高低排序，则记分方式为有序记分（rank-order）[②]。Rao 和 Katz 提出的这两种方法应该说比 Tsogo、Masson 和 Bardot（2000）提出的随机或循环删减 1/3 比较数量的方式更简单也更容易操作，但是当比较对象基数较大时，两种方式也有可能由于被试的疲劳效应导致系统误差。

---

① Tsogo, L., Masson, M. H., Bardot, A. (2000), "Multidimensional Scaling Methods for Many-object Sets: A Review", *Multivariate Behavioral Research*, 35 (3), 307 – 319.

② Rao, V. R., Katz, R. (1971), "Alternative Multidimensional Scaling Methods for Large Stimulus Sets", *Journal of Marketing Research*, 8 (4), 488 – 494.

　　结构研究的另一种常见的方法是通过探索性和验证性因子分析发现潜在的行为结构，这种方法受到了一些学者的质疑。正如 Spector、Fox、Penney、Bruursema、Goh 和 Kessler（2006）所指出，这种方法并未考虑反生产行为和维度之间可能存在的"因果型关系"，而因果型关系中，反生产行为项目虽然共同构成某个行为维度，但彼此之间可能是不相关的[①]。例如，表现出攻击同事这一行为的员工并不一定会性骚扰同事，但这两个行为都可被视为人际越轨，此时采用内部一致性系数或因子分析将某些低相关项目或者低负荷项目删除是不太合适的，而且目前基于协方差分析的结构方程模型软件如 AMOS、LISREL 等也不适用于处理因果型（又称形成型）数据。事实上，Spector 等人提出的这个问题也是近年来热议的一个话题，即反映型模型和形成型模型的区分问题。Jarvis、MacKenzie 和 Podsakoff（2003）通过对 4 个权威市场研究期刊（JMR、JCR、JM 和 MS）进行文献研究发现，有 29% 的文献存在模型界定错误问题，表现为本该被界定为形成型模型的被界定成反映型或本该被界定为反映型模型的被界定成形成型。错误界定模型会导致严重的模型估计偏差，Jarvis 等人进一步对两种形成型模型（外生形成型和内生形成型）采用 EQS 进行的蒙特卡洛（monte carlo）数据模拟显示：如果将外生形成型模型错误地界定为外生反映型模型，由外生潜变量发出的路径系数会膨胀 300%—500%；而如果将内生形成型模型界定为内生反映型模型，指向内生潜变

---

① Spector, P., Fox, S., Penney, L., Bruursema, K., Goh, A., & Kessler, S. (2006), "The Dimensionality of Counterproductivity: Are all Counterproductive Behaviors Created Equal?" *Journal of Vocational Behavior*, 68 (3), 446–460.

量的路径系数会膨胀 380% 左右①。

第二节　研究假设及模型

基于文献分析结果，本研究就员工反生产行为的结构提出如下三个基本假设：

H1：员工反生产行为包括行为指向和危害性程度两个基本层面。

H2：行为指向具体涉及工作、组织和人际三个层面。

H3：危害性程度具体涉及低危害、中等危害和高危害等不同等级。

考虑到反生产行为的普遍性，不同组织类型的员工都可能表现出反生产行为，目前相关研究较多涉及企业员工而较少关注行政事业单位员工，为此本研究在对员工反生产行为总体状况进行考察的同时，还将对企业和行政事业单位进行分别考察。

为了验证上述研究假设，本研究根据层面理论将假设具体内容通过映射语句的形式进行构建，把反生产行为分解为行为指向和危害度两个层面，映射语句构建如图 3 - 1 所示。

在图 3 - 1 映射语句中，目标人群包括企业员工和行政事业单位员工；内容层面包括行为指向和危害度两个层面，前者包括三种指向元素即指向人际、指向组织和指向任务，后者则分

①　Jarvis, C. B., MacKenzie, S. B., Podsakoff, P. M. (2003), "A Critical Review of Construct Indicators and Measurement Model Misspecification in Marketing and Consumer Research", *Journal of Consumer Research*, 30 (2), 199 - 218.

为低危害、中度危害和高危害三类元素；反应范围层面是反生
产行为在组织中的发生频次，分为从"没有发生的"到"每天
都发生的"五种情况。

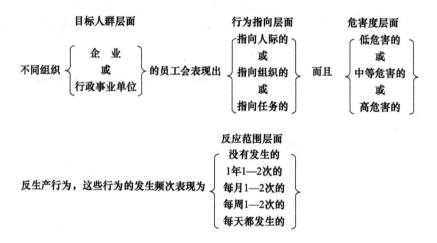

图 3 - 1   员工反生产行为映射语句

第三节   研究方法

一   被试

本研究分为两个部分，即反生产行为问卷项目的编制及采
用层面理论进行结构检验。采用现有问卷项目收集和开放式问
卷调查获取初始项目，通过专家合并筛选方法得到正式问卷。
样本包括 3 个：样本一用于收集员工通过他评法报告的反生产
行为项目，在福建、江西、湖北三个省份中，选取了 4 个企业
（1 个国企、3 个民营企业）、3 个事业单位（1 个医院、1 个高
校和 1 个文化事业单位）和 3 所政府机构（1 个厅级单位和 2

个处级单位）的员工，发放了 300 套问卷，共收集到 280 份数据（样本一），其中，企业员工 144 人（51.4%），行政事业单位员工 136 人（48.6%）。样本二、样本三均通过网络调查收集，样本来自全国十多个省市，包括北京、上海、江苏、浙江、安徽、福建、江西、湖北、湖南、广东等省市不同组织类型的员工。样本二为自陈问卷样本，员工自陈反生产行为发生频次，共收集到 704 份自评数据，其中，企业员工 492 人（69.9%），行政事业单位员工 212 人（30.1%）。样本三为他评样本，被试对本工作单位内自己观察到的身边的反生产行为频次进行回答，共收集到 717 份他评数据（样本三），其中，企业员工 526 人（73.4%），行政事业单位员工 191 人（26.6%）。

二　研究程序

本研究借鉴 Spector、Fox、Penney、Bruursema、Goh 和 Kessler（2006）的做法[①]，在数据收集过程中，除了单位类型外，不要求被试填写任何人口统计学信息，以尽量减少被试的担忧和抵制。其中，反生产行为项目采用他评法收集，即让员工报告他们在本单位观察到的反生产行为种类。反生产行为的结构检验则通过自评法和他评法收集两套数据进行分析。采用两套数据主要是考虑到由于调查反生产行为的敏感性，自评法收集的数据可能会由于员工的掩饰效应而产生误差，因此采用

---

①　Spector, P., Fox, S., Penney, L., Bruursema, K., Goh, A., & Kessler, S. (2006), "The Dimensionality of Counterproductivity: Are all Counterproductive Behaviors Created Equal?" *Journal of Vocational Behavior*, 68 (3), 446–460.

他评法数据可以将其与基于自评法数据的结构检验结果进行对比，以此判断结论是否可靠。自评法数据来自样本二员工自我报告的反生产行为频次，他评法数据来自样本三员工报告的其观察到的各类反生产行为频次。

三　研究工具

本研究包括三个问卷，分别为反生产行为开放式调查问卷、反生产行为自评问卷和反生产行为他评问卷。在反生产行为开放式问卷中，考虑到反生产行为这一概念的敏感性，采用"员工负面行为"替代反生产行为，并将其定义为"对本单位或本单位成员的利益、幸福造成伤害或可能造成伤害的行为"。为了增加被调查员工的直观理解，在问卷中列举了一些国内外研究中常见的反生产行为，并要求被调查员工写下3—5种他们在本单位观察到的负面行为。反生产行为自评问卷和他评问卷都包括92个项目，在实际调查中，为了减少可能存在的抵制，问卷标题均被修改为"员工组织行为调查问卷"。两个问卷都采用同样的项目和计分方式，不同点在于自评问卷要求员工报告自己在过去12个月中相关负面行为的发生频次，他评问卷则要求员工报告他们在过去12个月中观察到的相关行为频次。计分方式借鉴了Spector等人（2006）的5点计分方式，其中，1分＝没有发生的，2分＝每年1—2次的，3分＝每月1—2次的，4分＝每周1—2次的，5分＝每天都发生的。

四　数据处理

采取SPSS 17.0和NewMDSX 5.1.9试用版进行数据处理。

第四节　研究结果

一　问卷项目编制

测量项目来源有两个：一是从国内外经典研究文献中析出的项目；二是开放式问卷调查。其中，国外文献主要包括三个，分别是 Bennett 和 Robinson（2000）的研究[①]，Gruys 和 Sackett（2003）的研究[②]与 Spector、Fox、Penney、Bruursema、Goh 和 Kessler（2006）的研究[③]；以中国员工为样本的研究有两个，分别为 Rotundo 和 Xie（2008）的研究[④]与彭贺（2010）的研究[⑤]。参照现有五个相关问卷共计得到 247 个反生产行为项目。另一个来源是样本—员工报告的反生产行为种类，280 份数据共计报告反生产行为频次 1381 次，经初步合并内容重复项目并删除无意义项目后得到 73 个项目。3 名管理心理学方向博士生分别独立地对他评报告得到的 73 种反生产行为和文献析出的 247 种行为进行内容分析，分析采取如下三步程序：（1）对相似或重复

① Bennett, R., & Robinson, S. (2000), "Development of a Measure of Workplace Deviance", *Journal of Applied Psychology*, 85 (3), 349 – 360.

② Gruys, M. L., & Sackett, P. R. (2003), "Investigating the Dimensionality of Counterproductive Work Behavior", *International Journal of Selection and Assessment*, 11 (1),30 – 42.

③ Spector, P., Fox, S., Penney, L., Bruursema, K., Goh, A., & Kessler, S. (2006), "The Dimensionality of Counterproductivity: Are all Counterproductive Behaviors Created Equal?" *Journal of Vocational Behavior*, 68 (3), 446 – 460.

④ Rotundo, M., & Xie, J. L. (2008), "Understanding the Domain of Counterproductive Work Behaviour in China", *International Journal of Human Resource Management*, 19 (5), 856 – 877.

⑤ 彭贺：《中国知识员工反生产行为分类的探索性研究》，《管理科学》2010 年第 23 卷第 2 期，第 86—93 页。

的项目进行合并，同时对于一些明显只适合企业或只适合行政事业单位的项目进行删除；（2）将一些项目予以适当修改，例如，将"不注意维护本公司形象"修改为"不注意维护本单位形象"、"取走公司财物"修改为"取走单位财物"；（3）在经过项目合并、删除及修改后，将3名博士生的内容分析结果汇总进行讨论，以至少2名成员一致同意作为项目典型性取舍标准。项目分析中也发现一些有争议的项目，例如，"故意放慢工作速度"和"故意拖延工作以获取额外的加班费"这两个项目都有类似之处，但考虑到后者具有明显的财物越轨倾向，而前者则不一定指向财物，有时可能是因为偷懒或者疲劳导致，如果仅保留前者的话，可能会将后者这一本来有意义的项目遗漏，因此将此类项目保留。经过上述内容分析程序后共得到96个反生产行为项目，在征求专家意见后又删除了其中4个项目，最终得到92个反生产行为项目。在对上述项目进行内容分析时发现，这些项目主要涉及组织（如"未经授权或允许而擅自使用本单位资源"）、人际（如"与上级争吵或肢体冲突"）和工作（如"工作期间擅自离开岗位去做其他事情"）三个方面，其中针对组织的反生产行为又包括一般性的组织违规（如"破坏本单位声誉"）和财务越轨（如"收取回扣"）、信息违规（如"欺骗性地使用本单位文件"）等。每一类都分别包括不同危害性程度的项目。

二　反生产行为的总体结构检验

为了检验反生产行为的双层结构，本研究对样本二的员工反生产行为自评数据进行了最小空间分析SSA，数据分析采用

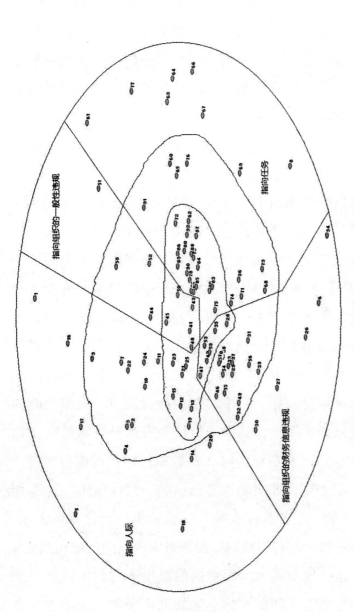

图3-2　反生产行为区域分布（自评总数据）

部分样题：1嘲笑同事，5与同事争吵或肢体冲突，4粗鲁或粗暴对待同事，7故意孤立某同事，22把自己的错误推到同事头上，23故意对同事的工作设置阻碍，25故意或者得堪，64工作期间在电脑上玩游戏，76工作期间闲聊，85隐瞒工作失误，80工作不尽心尽力，81推脱责任，51在工作场所抽烟，吃东西或者喧哗，52将个人利益置于组织利益之上，41故意搞乱或搞脏工作的地方，44对外部人员说本单位坏话，27伪造或篡改票据以获得经济利益，38公款消费，43未经允许或授权而遭自使用本单位资源，46伙同他人或坏本单位利益，57窃取他人信息或成果。下同。

NewMDSX 软件的 MINISSA-N 功能模块。SSA 结果显示，自评数据的异化系数为 0.181，在可接受范围；两个内容层面假设的空间区域分布得到验证，同心圆区域代表危害性层面，四个楔形区域代表行为指向层面。92 种行为呈现出一种中心区域密集外周疏散的分布态势。考察这些项目内容，可以发现中心区域的反生产行为危害度较轻，随着与中心区域距离的增加，外周区域的反生产行为在危害程度上有逐渐增强的趋向，提示本研究假设的危害度层面构想是合理的（见图 3－2）。

在输出的原始结构图中，行为指向层面初步显示为三个条形区域，分别对应工作任务、组织和人际三种指向。行为指向层面 3 个元素在空间中呈现轴线状分布，除了人际指向的 2 个项目（6 和 8）落在其他区域外，剩余 90 个项目被区分为三个条状区域，这 3 个区域和本研究假设的人际指向、组织指向及任务指向 3 个元素在内容上呈对应关系。但仔细观察和分析发现组织指向的反生产行为可以进一步分为两个亚类。在组织指向元素对应的区域分布中，以中心空白处为原点，组织指向的反生产行为可以分为两类，其中一类行为表现出财物指向（如"取走本单位财物"）和信息指向（"欺骗性地呈现虚假的统计报表"），另一类表现为非财物信息指向的一般性组织违规（如"在工作场所抽烟、吃东西或喧哗"）。这两类行为元素和人际、任务指向元素一起，将行为指向层面所对应的空间区域切割成 4 个楔形区域，这一发现提示组织指向的反生产行为可以进一步区分为一般性组织违规和财物信息越轨两个子类。为了进一步验证这两类元素是否真实存在，本研究对样本三的员工反生产行为他评数据进行了 SSA，结果显示异化系数为 0.162，他评法

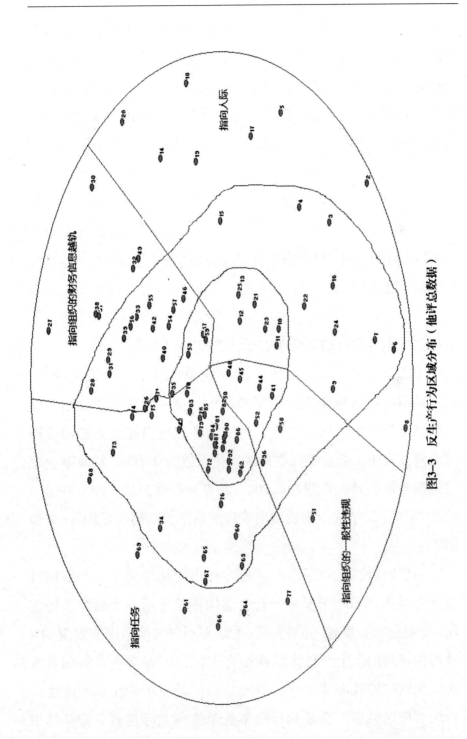

图3-3 反生产行为区域分布（他评总数据）

数据中的 92 种行为在行为层面对应区域中的分布也表现出清晰的四元素极化状分布。其中，组织指向元素同样可以被区分为两类元素，且这两类元素下的反生产行为项目与自评数据结果完全一致（见图 3-3）。这个结果支持了本研究的发现，即组织指向元素可被进一步区分为 2 个次级元素，这两个元素分别为财物信息越轨和一般性组织越轨。因此，可以认为，行为指向的反生产行为实际可以分为指向工作任务、指向人际、指向组织的一般性违规和财物信息越轨四大类。同时，自评数据和他评数据中的 92种反生产行为空间区域分布都表现出了清晰的雷达状结构，这也证实了本研究提出的反生产行为双层面结构的假设是合理的。

五　企业和行政事业单位反生产行为的结构

为了进一步探讨企业和行政事业单位反生产行为的特点，我们采用他评数据分别进行了独立的 SSA。分析结果显示，企业和行政事业单位的反生产行为结构都表现出和总体结构类同的结果。其中，企业他评数据的异化系数为 0.168，行政事业单位他评数据的异化系数为 0.202，均在可接受范围；SSA 输出的92 种行为空间结构图都表现出清晰的雷达状结构（见图 3-4 和图 3-5）。

由于测量误差的存在，在 SSA 输出的结构图中，个别项目会落在其他区域，但反生产行为结构依然显示为清晰的 4 种指向、3 种危害程度这一结构。这个结果不仅表明本研究发现的 4种行为指向的反生产行为结构是合理的，也表明这种结构具有跨组织的一致性和稳定性。研究结果同时显示，在 4 种反生产行为对应区域中，企业和行政事业单位在人际越轨、任务越轨

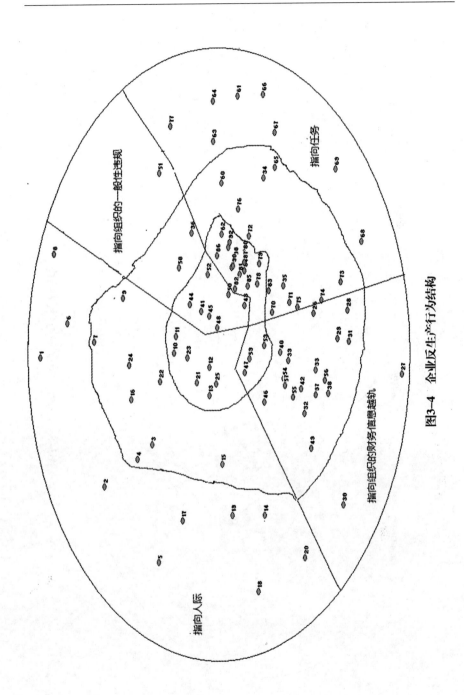

图3-4 企业反生产行为结构

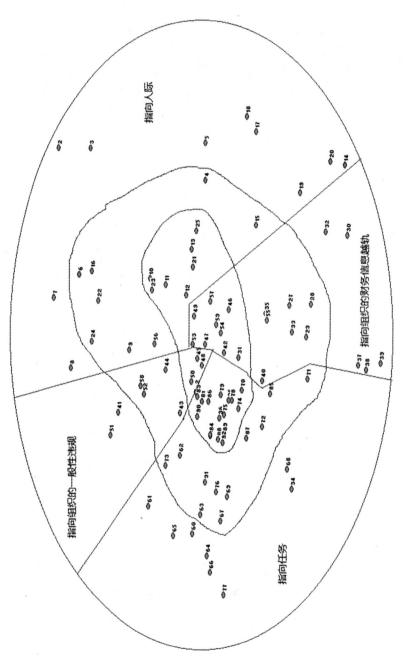

图3-5　行政事业单位反生产行为结构

和一般性组织越轨方面无明显的区域分布差异，但在财物信息越轨对应区域则有较明显的差异，表现为中等危害区域和高危害区域中的反生产行为分布密度差异。在企业样本中，中等危害区域对应的反生产行为种类较多，高危害区域较少；而行政事业单位数据中，两个区域下的反生产行为种类在数量上接近。仔细考察这两个区域的反生产行为种类，可以发现造成这一分布密度差异的主要原因在于有一类行为的危害程度在两种组织中不同，这类行为就是贪墨行为，包括收受贿赂、公款消费和收取回扣三种。在行政事业单位样本中，此类行为处于危害程度最高的区域，而企业样本中，此类行为则处于中等危害区域，提示贪墨行为在行政事业单位中的危害程度更高。

第五节　讨论

本研究在国内外反生产行为结构研究的基础上，采用现有问卷项目收集整理和开放式问卷调查相结合的方法，编制了员工反生产行为初步问卷。采用层面理论的研究框架，对我国不同组织类型中的反生产行为结构进行了探讨，结果发现不同组织类型中均存在 4 类反生产行为，分别为指向人际、指向任务、指向组织的一般性违规和指向组织的财物或信息违规。与国外同类研究结果比较，本研究发现：西方学者发现的 3 个反生产行为维度中，组织指向这一维度可以被进一步区分为两个维度即指向组织的财物信息违规和指向组织的一般性违规；采用两套数据进行的跨组织结构验证结果表明，这两个维度具有跨组织的稳定性，提示这两个维度是客观存在的。事实上，考察组织指向这一概念的来源可以发现，组织指向来自 Robinson 和 Bennett（1995）的经典研究，该研究采用多维尺度法收集员工对行为相似度评价的标准中，针对组织这一标准在回归分析中被发现对其中一个行为维度具有最大预测效力[1]。这个结果表明，西方员工对反生产行为的认知存在针对组织这一观念。正如前文所指出，在以中国员工为样本的研究中，Rotundo 和 Xie（2008）的研究虽然得出组织指向维度[2]，但其命名过程并不科学，具有主观性，而彭贺（2010）采取和 Robinson 等人同样的命名程序并未发现组织指向这一标准，虽然其随后将 4 个种类反生产行为归结为组织—人际—任务指向[3]。本研究结果进一步揭示了针对组织反生产行为的两个子类，有助于相关研究的进一步深化。一个可能的解释是，一般性组织违规如"对外部人员说本单位的坏话""破坏本单位的声誉"等属于"不义"行为，财物信息越轨则属于"牟利"行为。中国传统文化一向对"义"与"利"有明确区分，针对财物信息的违规和一般性组织违规的区分可能反映了中国人这种"义""利"区分的群体心理特征。

　　本研究的另外一个发现就是不同指向反生产行为在危害程度上分布的差异。在人际指向的反生产行为中，分布在危害程

① Robinson, S., & Bennett, R. (1995), "A Typology of Deviant Workplace Behaviors: A Multidimensional Scaling Study", *Academy of Management Journal*, 38 (2), 555–572.

② Rotundo, M., & Xie, J. L. (2008), "Understanding the Domain of Counterproductive Work Behaviour in China", *International Journal of Human Resource Management*, 19 (5), 856–877.

③ 彭贺：《中国知识员工反生产行为分类的探索性研究》，《管理科学》2010 年第 23 卷第 2 期，第 86—93 页。

度较高区域的是较激进或剧烈的行为，如辱骂上级、与同事争吵或肢体冲突、暴力威胁同事等，而分布在危害程度较轻区域的行为则多为针对同事的阴谋行为，例如对同事的工作设阻、挑拨离间、故意使同事难堪等。在任务指向的反生产行为中，分布在危害程度较高区域的行为表现为工作期间的非任务行为，如花过多的时间在网上从事与工作无关的事、早退、工作期间在电脑上玩游戏、工作期间闲聊等；分布在危害程度较轻区域的行为则多为与工作任务相关的行为，如故意放慢工作速度、装作很忙实际没有认真做事等。在无特定指向的反生产行为中，仅有个别项目（在工作场所抽烟、吃东西和大声喧哗）落在高危害区域，多数行为落在低危害或中等危害区域。

企业和行政事业单位在反生产行为的层面及其亚类上表现出明显的一致性，但在贪墨行为方面表现出不同特点，我们的理解是这一差异可能与组织伦理氛围有关。Victor 和 Cullen（1988）的研究已经表明，有五种组织伦理氛围在各种类型的组织中都普遍存在，这五种伦理氛围分别是工具性导向氛围、关怀导向氛围、独立导向氛围、规则导向氛围和法律法规导向氛围[①]。由于行政事业单位的主要职能是为社会公共事业服务，而企业的主要职能则是追求经济利益，这种组织角色差异可能会影响组织内部伦理氛围，如企业组织内部可能表现出相对较高的工具性导向的伦理氛围，而行政事业单位内部可能表现出较高的规则导向或法律法规导向。组织伦理氛围的差异可能会造成员工对贪墨行为的认识不同，如工具性导向的组织氛围中，

---

① Victor, B., Cullen, J. B. (1988), "The Organizational Bases of Ethical Work Climates", *Administrative Science Quarterly*, 33 (1): 101 – 125.

员工会表现出较强的利益驱动行为，而规则导向或法律法规导向的组织氛围中，员工更少表现出此类行为。刘文彬和井润田（2010）的研究考察了 3 类组织伦理氛围对贪墨行为的影响，结果发现工具性导向比规则导向对贪墨行为的预测效力更强①，因此，本研究发现的贪墨行为的组织差异可能与组织伦理氛围差异有显著关联。

---

① 刘文彬、井润田：《组织文化影响员工反生产行为的实证研究——基于组织伦理气氛的视角》，《中国软科学》2010 年第 9 期，第 118—139 页。

第 四 章

组织公正对反生产行为的影响
及其中介机制研究

第一节　问题的提出

　　组织公正反映了组织成员对自身及他人在组织中所受待遇是否公正的知觉及评价[①]，主要表现在以下方面：作为决策结果的组织资源的分配是否公正，决定这一分配结果的过程是否公正，在组织决策执行过程中执行者的执行方式和态度对当事人是否公正[②]。员工对上述三个方面的判断即形成分配公正、程序公正和互动公正知觉。进一步研究发现，互动公正可以区分为两类：一类反映了当事人在决策执行过程中受尊重和礼貌对待的程度，即人际公正；另一类反映了当事人在决策执行过程中是否被告知足够的信息，如采用何种决策程序、为什么会采用

[①] Saunders, M. N. K., & Thornhill A. (2003), "Organisational Justice, trust and the Management of Change: An Exploration", *Personnel Review*, 32 (3), 360 – 375.

[②] Greenberg, J. (1990), "Organizational Justice: Yesterday, Today, and Tomorrow", *Journal of Management*, 16 (2), 399 – 432.

某种特定形式的分配结果等，即信息公正①。国内的相关研究也发现了类似的结构，不过人际公正在我国文化背景下主要表现为领导公正②，表明组织公正有一定文化差异。

早期关于组织公正与反生产行为关系的研究较为零散，且多局限于探讨组织公正对员工报复行为③的影响，缺乏系统整合。Cohen-Charash 和 Spector（2001）对这些文献的元分析表明程序公正和分配公正与一些反生产行为（如破坏设备、人际冲突）显著关联④。Fox、Spector 和 Miles（2001）率先将反生产行为作为一个整体变量，探讨了分配公正、程序公正与反生产行为的关系，结果发现两类组织公正对反生产行为均有显著影响，而且负面情绪在组织公正和反生产行为关系中起到完全中介作用⑤。Jones（2009）的研究则同时考察了包括互动不公在内的三类组织公正对反生产行为的影响，发现互动不公、报复上级的动机和员工针对上级的反生产行为显著关联，而分配不公、

① Greenberg, J. (1993), "The Social Side of Fairness: Interpersonal and Informational Classes of Organizational Justice", In R. Cropanzano (Ed.), *Justice in the workplace: Approaching Fairness in Human Resource Management*, Hillsdale, NJ: Erlbaum, 79 – 103.

② 刘亚、龙立荣、李晔：《组织公正感对组织效果变量的影响》，《管理世界》2003 年第 3 期，第 126—132 页。

③ Skarlicki, D. P., & Folger, R. (1997), "Retaliation in the Workplace: The Roles of Distributive, Procedural, and Interactional Justice", *Journal of Applied Psychology*, 82 (3), 434 – 443.

④ Cohen-Charash, Y., & Spector, P. E. (2001), "The Role of Justice in Organizations: A Meta-analysis", *Organizational Behavior and Human Decision Processes*, 86 (2),278 – 321.

⑤ Fox, S., Spector, P., & Miles, D. (2001), "Counterproductive Work Behavior (CWB) in Response to Job Stressors and Organizational Justice: Some Mediator and Moderator Tests for Autonomy and Emotions", *Journal of Vocational Behavior*, 59 (3), 291 – 309.

程序不公和报复组织的动机与员工针对组织的反生产行为有显著影响①。刘玉新、张建卫和黄国华（2011）考察了组织公正对反生产行为的影响，结果发现程序公正和领导公正对反生产行为的影响相对较强，组织公正可通过直接路径和"自我决定感"的中介路径，共同作用于反生产行为②。

工作态度是指员工对工作本身和工作环境所持有的相对稳定、具有倾向性的评价和情感，包括认知、情感和行为倾向三个因素③。以往研究发现工作态度和员工反生产行为具有显著关联④，同时一些研究也发现组织公正是影响工作态度的重要前因变量⑤，因此，组织公正可能通过工作态度的中介作用间接影响员工反生产行为。Demir（2011）的研究支持了这一观点。该研

---

① Jones, D. (2009), "Getting even with one's Supervisor and one's Organization: Relationships among Types of Injustice, Desires for Revenge, and Counterproductive Work Behaviors", *Journal of Organizational Behavior*, 30 (4), 525 – 542.

② 刘玉新、张建卫、黄国华：《组织公正对反生产行为的影响机制——自我决定论的视角》，《科学学与科学技术管理》2011年第32卷第8期，第162—172页。

③ Hodgetts, R., & Altman, S. (1979), "Organizational Behavior", In M. D. Dunnette (Ed.), *Philadelphia*, Pa: Saunders.

④ Mangione, T., & Quinn, R. (1975), "Job Satisfaction, Counterproductive Behavior, and Drug Use at Work", *Journal of Applied Psychology*, 60 (1), 114 – 116. Meyer, J. P., Stanley, D. J., Herscovitch L, Topolnytsky, L. (2002), "Affective, Continuance, Andnormative Commitment to the Organization: A Meta-analysis of Antecedents, Correlates, and Consequences", *Journal of Vocational Behavior*, 61 (1), 20 – 52. Dalal, R S. (2005), "A Meta-analysis of the Relationship Between Organizational Citizenship Behavior and Counterproductive Work Behavior", *Journal of Applied Psychology*, 90 (6), 1241 – 1255.

⑤ Cohen-Charash, Y., & Spector, P. E. (2001), "The Role of Justice in Organizations: A Meta-analysis", *Organizational Behavior and Human Decision Processes*, 86 (2), 278 – 321. Bakhshi, A., Kumar, K., & Rani E. (2009), "Organizational Justice Perceptions as Predictor of Job Satisfaction and Organization Commitment", *International journal of Business and Management*, 4 (9), 145 – 154.

究发现组织承诺在组织公正、组织信任与反生产行为关系中起中介效应①。考虑到员工工作态度的多样性，而且工作态度间可能存在一定的作用机制，仅考察组织承诺在两者关系中的机制可能不能充分揭示工作态度在组织公正影响反生产行为过程中的作用，因此，有必要对工作态度在两者关系中的深层机制进行进一步考察。

从国内外近二十年的实证研究来看，关于工作态度的研究主要聚焦于工作满意度和组织承诺两个方面，但是这两个变量之间的因果关系尚未取得一致意见。国外一些实证研究显示了矛盾的结果，如 Bateman 和 Strasser（1984）的研究表明组织承诺影响员工满意度②，而 Morrison（1997）的研究则发现满意度影响员工组织承诺③；但国内的一些实证研究结论则显示工作满意度是组织承诺的影响前因，如凌文辁、张治灿和方俐洛（2001）与王颖和李树茁（2007）的研究都表明组织承诺影响员工工作满意度④。本书认为，这里面可能存在文化差异的影响，中国文化背景下员工表现出更强的集体主义取向，员工和

---

① Demir, M. (2011), "Effects of Organizational Justice, Trust and Commitment on Employees' Deviant Behavior", *International Journal of Tourism and Hospitality Research*, 22 (2), 204 – 221.

② Bateman, T. S., & Strasser S. (1984), "A Longitudinal Analysis of the Antecedents of Organizational Commitment", *Academy of Management Journal*, 27 (1), 95 – 112.

③ Morrison, K. A. (1997), "How Franchise Job Satisfaction and Personality Affects Performance, Organizational Commitment, Franchisor Relations, and Intention to Remain", *Journal of Small Business Management*, 35 (3): 39 – 67.

④ 凌文辁、张治灿、方俐洛：《中国职工组织承诺研究》，《中国社会科学》2001 年第 2 期，第 90—102 页；王颖、李树茁：《员工组织承诺生成机制的实证研究》，《北京师范大学学报》（社会科学版）2007 年第 199 期，第 122—129 页。

组织联系相对更紧密，因此在工作中产生的各种认知及情感（工作满意度）最终可能转换为对组织的一种具有倾向性的评价及情感（组织承诺）。

第二节　研究模型及假设

基于文献回顾结果，我们提出如下基本模型（见图4-1）：

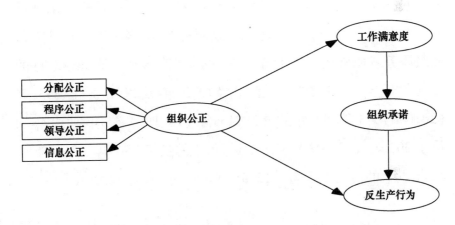

图4-1　组织公正影响反生产行为的链式中介模型

该模型假设工作态度（工作满意度和组织承诺）在组织公正与反生产行为关系中起到链式中介效应。具体假设如下：

H1：组织公正对员工反生产行为有直接负向预测效力。

H2：组织公正通过工作满意度间接正向影响组织承诺。

H3：工作满意度和组织承诺在组织公正与员工反生产行为关系中存在显著中介作用。

第三节　研究方法

一　被试

本研究的被试来自全国十多个省份的不同企业和行政事业单位员工，共计 1336 名被试。其中，企业员工 932 名（69.8%），行政事业单位员工 404 名（30.2%）；男性员工 596 名（44.6%），女性员工 740 名（55.4%）；初级职务或职称员工 376 名（28.1%），中级职务或职称员工 541 名（40.5%），高级职务或职称员工 134 名（10.0%），尚未获得职务或职称的员工 285 名（21.3%）；工作经验 3 年及以下员工 355 名（26.6%），3 年到 5 年的员工 215 名（16.1%），5 年到 10 年的员工 307 名（23.0%），10 年到 20 年的员工 286 名（21.4%），20 年以上的员工 173 名（12.9%）。

二　研究工具

组织公正测量采用刘亚、龙立荣和刘晔（2003）开发的问卷，共计 4 个维度 22 道题，5 点式计分，分值范围从"1 = 完全不同意"到"5 = 完全同意"。样题为"我所在的单位在收入分配上是有章可循的"。

组织承诺问卷采用 Meyer、Allen 和 Smith（1993）问卷的情感承诺维度共 6 个项目作为测量工具。项目采用 5 点式计分，分值范围从"1 = 完全不同意"到"5 = 完全同意"。样题为"我对单位没有情感上的依恋"。

工作满意度问卷来自 Tsui、Egan 和 O'Reilly（1992）研究采用的问卷，该问卷共计 6 道题目，采用 5 点式计分，分值范围从"1 = 非常不满意"到"5 = 非常满意"，样题为"您对自己的上级（主管）满意吗?"

对于反生产行为的测量采用了简化版的 43 个项目反生产行为问卷（参见附录 3）。在前期研究中通过 Bennett 和 Robinson（2000）等 5 个国内外反生产行为研究文献析出项目和 280 名员工报告的观察到的反生产行为获得 92 个项目，进一步根据项目内容的相似度进行合并，获得 43 个项目的简化版反生产行为问卷，采用基于层面理论的最小空间分析（SSA）发现 43 个项目空间分布分为 4 个区域，分别为人际指向反生产行为区域、任务指向反生产行为区域、指向组织的财物信息越轨区域及指向组织的一般性违规区域，异化系数为 0.21。问卷调查要求被试报告过去 12 个月中的反生产行为发生频次，采用 5 点式计分，分值范围为"1 = 没有发生"到"5 = 每天都发生"。

三 数据处理

本研究采用 SPSS 20.0 和 AMOS 20.0 为数据统计分析工具。

第四节 研究结果

一 各类变量描述性统计及相关分析结果

对上述研究中涉及的各类变量进行均值、标准差及相关分析，结果见表 4 - 1。

表 4 - 1　　各类研究变量的描述性统计及相关分析结果

	M	SD	1	2	3	4	5	6	7	8	9
1. 分配公正	3.05	0.83									
2. 程序公正	3.04	0.75	0.618**								
3. 领导公正	3.47	0.64	0.567**	0.532**							
4. 信息公正	3.03	0.86	0.613**	0.638**	0.650**						
5. 工作满意度	3.11	0.59	0.681**	0.567**	0.647**	0.609**					
6. 情感承诺	3.18	0.64	0.433**	0.468**	0.464**	0.439**	0.611**				
7. 人际指南	1.11	0.21	-0.167**	-0.171**	-0.220**	-0.191**	-0.217**	-0.239**			
8. 任务指向	1.60	0.48	-0.229**	-0.254**	-0.204**	-0.246**	-0.244**	-0.290**	0.448**		
9. 一般性违规	1.20	0.27	-0.157**	-0.168**	-0.177**	-0.190**	-0.171**	-0.217**	0.699**	0.580**	
10. 财务信息越轨	1.02	0.13	-0.125**	-0.108**	-0.177**	-0.112**	-0.146**	-0.166**	0.606**	0.306**	0.513**

注：* 表示 $p < 0.05$，** 表示 $p < 0.01$。下同。

二　组织公正对反生产行为的作用机制

（一）组织公正影响反生产行为的链式中介

采用 bootstrap 自抽样法，设定抽样 5000 次，误差修正置信区间为 95%，对中介效应进行检验。SEM 模型拟合结果显示：组织公正对反生产行为的直接效应显著（效应值为 −0.114，$p < 0.01$），同时满意度和情感承诺在组织公正和反生产行为关系中起到部分中介作用（效应值为 −0.152，$p < 0.001$），中介效应占总效应比例为 57.14%。这一结果表明组织公正不仅对反生产行为有直接影响，还通过满意度和情感承诺的链式中介机制间接影响反生产行为发生频次。模型拟合指标为 $\chi^2/DF = 4.785$，$TLI = 0.945$，$CFI = 0.954$，$RMSEA = 0.053$。相关模型见图 4−2。

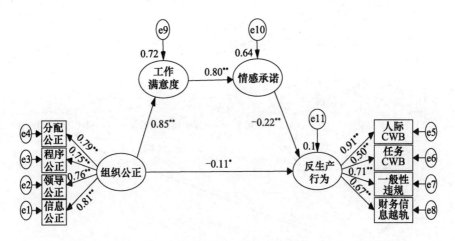

图 4−2　组织公正影响反生产行为的链式中介模型

进一步对组织公正四个维度影响反生产行为的路径及其效果量的分析发现：在四类公正维度中，仅领导公正对反生产行为有直接和间接的负向影响（直接效应为 -0.11，$p < 0.05$；中介效应为 -0.061，$p < 0.01$），而分配公正、程序公正则通过工作态度链式中介间接影响反生产行为（中介效应分别为：-0.075，$p < 0.01$；-0.017，$p < 0.05$），但信息公正对反生产行为的直接与间接影响均不显著。这一结果表明组织公正四维度中仅三个维度通过工作态度的链式中介影响反生产行为（见图4-3，虚线为不显著路径）。从总效应值来看，三个维度中，领导公正对反生产行为的总效应相对较高（-0.191，$p < 0.01$），其次为分配公正（-0.077，$p < 0.01$），程序公正最弱（-0.021，$p < 0.01$）。模型拟合指标为：$\chi^2/DF = 3.313$，$TLI = 0.946$，$CFI = 0.951$，$RMSEA = 0.042$。

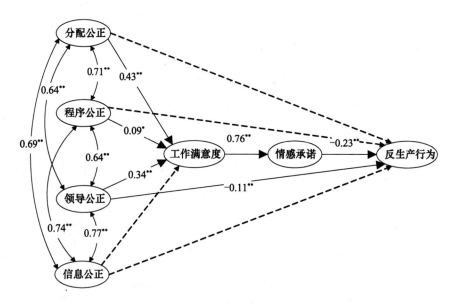

图4-3　组织公正四维度影响反生产行为的链式中介模型

（二）组织公正影响反生产行为的中介效应效果量差异比较

对组织公正三个维度影响反生产行为的中介机制的效果量差异进行比较，发现分配公正、程序公正和领导公正影响反生产行为的中介效应存在一定差异（见表4-2）。

表4-2 组织公正三维度影响反生产行为的中介效应及差异

中介效应效果量	路径系数估计值及标准误					
	α	β	γ	SE_α	SE_β	SE_γ
分配公正	-0.075**	0.426**	0.756**	-0.234**	0.039	0.023	0.035
程序公正	-0.017**	0.304**	0.756**	-0.234**	0.040	0.023	0.035
领导公正	-0.061**	0.344**	0.756**	-0.234**	0.040	0.023	0.035

三类组织公正影响反生产行为的效应差异比较

中介效应	$\tau - \tau'$	95%置信区间	假设 $H_0 = 0$
分配公正 vs 程序公正	0.34	[0.282, 0.398]	拒绝
分配公正 vs 领导公正	0.09	[0.014, 0.166]	拒绝
程序公正 vs 领导公正	-0.25	[-0.335, -0.165]	拒绝

注：α、β 和 γ 分别表示3条中介路径系数，SE分别为对应的标准误。$\tau - \tau'$ 表示效果量差异。

表4-2列出了模型中各类效应的效果量及差异检验结果。差异检验主要是对不同中介链效果进行显著性检验，采用多元得尔塔法（multivariate delta method）获得检验函数[①]。本研究模型的中介链虽然由3条中介路径构成，但都存在两条共享路径

---

① Preacher, K. J., & Hayes, A. F. (2008), "Asymptotic and Resampling Strategies for Assessing and Comparing Indirect Effects in Multiple Mediator Models", *Behavior research methods*, 40 (3), 879-891.

的情况，因此只要检验剩余两条非共享路径的差异（表 4 - 2 中 $\tau - \tau'$）是否显著即可推论中介链效果量是否差异显著。根据多元得尔塔法推导得 $\tau - \tau'$ 的渐进方差为 $\delta^2 = S_{a2} + S_{b2} + 2S_{ab}$，式中 S_a 和 S_b 分别表示两条非共享路径系数的方差，S_{ab} 则表示两条非共享路径系数的协方差。检验结果表明：组织公正三维度对反生产行为的间接影响存在显著差异，分配公正的间接影响最强，其次为领导公正，程序公正最弱。

（三）分配公正、领导公正及程序公正对信息公正与反生产行为关系的影响

虽然模型拟合结果显示信息公正对反生产行为无直接或间接效应，但这可能与同时进入模型的其他 3 类公正维度的影响有关。单独对信息公正影响反生产行为的中介模型进行检验发现：信息公正对反生产行为不仅有微弱的直接效应（效应值为 -0.09，$p < 0.01$），而且间接效应也显著（效应值为 -0.136，$p < 0.01$），说明信息公正对反生产行为的影响存在部分中介机制（见表 4 - 3 基线模型）。为了进一步考察其他三类组织公正维度在信息公正与反生产行为关系中存在的影响，我们以信息公正影响反生产行为的中介模型为基线模型，采用逐步引入其他组织公正维度的方式，设定了 6 个对比模型，并通过比较引入其他组织公正维度后基线模型中 3 条中介链的效果量变化来分析组织公正其他维度的潜在影响。分析采用 bootstrap 抽样法，设定抽样 5000 次，误差修正置信区间为 95%，分析结果见表 4 - 3。

表4-3　　　组织公正三维度对信息公正与反生产行为关系中的效应影响

	x^2/DF	GFI	NFI	TLI	CFI	RMSEA	效应1	效应2	效应3	效应4	直接效应
基线模型	4.961	0.941	0.941	0.944	0.952	0.054	-0.136**				-0.090*
模型一	3.854	0.938	0.946	0.954	0.960	0.046	-0.063*	-0.105**			-0.095*
模型二	4.016	0.931	0.928	0.938	0.945	0.048	-0.088**		-0.066**		-0.091
模型三	4.236	0.933	0.936	0.944	0.950	0.049	-0.057*			-0.085**	-0.022
模型四	3.551	0.928	0.938	0.949	0.954	0.044	-0.052*	-0.096**	-0.023**		-0.094
模型五	3.570	0.929	0.939	0.950	0.955	0.044	-0.020*	-0.081**		-0.062**	-0.034
模型六	3.710	0.925	0.930	0.942	0.948	0.045	-0.029**		-0.047**	-0.078**	-0.029

注：基线模型路径包括中介路径即信息公正→工作满意度→情感承诺→反生产行为和直接路径即信息公正→反生产行为。模型一在基线模型的基础上引入分配公正自变量，模型二引入程序公正自变量，模型三引入领导公正和领导公正自变量，模型四同时引入分配公正和程序公正自变量，模型五同时引入领导公正和程序公正自变量，模型六同时引入分配公正和领导公正自变量。效应1表示信息公正对反生产行为中介效应，效应2为分配公正对反生产行为中介效应，效应3为领导公正对反生产行为中介效应，效应4为程序公正对反生产行为中介效应。直接效应为信息公正对反生产行为中直接效应。

　　由表4－3可知，在基线模型中分别单独引入其他三个组织公正维度时（模型一——模型三），对基线模型中介链的效果量均有不同程度的削弱效果，其中领导公正削弱效应最强。模型五和模型六表明，在引入任意两个包含领导公正的维度时，信息公正影响反生产行为的中介效应受到最强的削弱，这种削弱效应要强于模型四（引入分配公正和程序公正）。在直接效应方面，上述拟合结果显示引入领导公正维度后信息公正对反生产行为的直接效应被大幅削弱至不显著水平，而程序公正则有微弱削弱效果，分配公正无显著影响。因此，通过对上述模型拟合结果的分析，可以得出结论：信息公正对三类反生产行为的总效应受到其他三个组织公正维度的影响，其中受到领导公正的影响最强。

第五节　讨论

　　本研究发现，员工的组织公正总体知觉不仅对其反生产行为有显著直接的负向影响，而且还会通过工作态度的链式中介间接影响反生产行为发生频次。在控制了组织公正其他三个维度的影响后，发现信息公正对反生产行为无直接或间接效应，而其他三个组织公正维度均通过工作态度链式中介间接影响反生产行为，同时，领导公正还对反生产行为具有显著直接的负向影响。从总效应来看，领导公正对反生产行为的总效应最强，其次为分配公正，程序公正最弱，这一结果与刘玉新、张建卫和黄国华（2011）的研究结论基本一致[①]。而在中介效应方面，

---

　　① 刘玉新、张建卫、黄国华：《组织公正对反生产行为的影响机制——自我决定论的视角》，《科学学与科学技术管理》2011年第32卷第8期，第162—172页。

分配公正对反生产行为的效应最强，其次为领导公正，最后为程序公正。这一结果对于理解员工的反生产行为发生机制具有重要启示作用。首先，领导作为组织代理人，其与员工互动过程是否公正对员工的工作态度具有显著影响，公正的领导会提升员工的工作满意度和情感承诺，并进而抑制员工反生产行为的发生频次；反过来看，也就意味着领导不公会降低员工的工作满意度和情感承诺，并增加员工实施反生产行为的可能性。其次，模型分析结果还表明，领导公正对员工反生产行为具有直接的抑制效应，而领导不公则会直接导致员工反生产行为频次的增加。研究结果还提示：在分配公正、程序公正和领导公正三种公正中，分配公正和程序公正通过工作态度的完全中介间接影响员工反生产行为（直接效应不显著），而且前者的间接影响要强于程序公正，这一结果可能与本研究选取的工作态度变量有关。王颖和李树茁（2007）对员工组织承诺的生成机制研究发现，不同工作和组织环境变量通过不同的中介变量影响组织承诺①。因此，程序公正通过其他中介变量（如组织支持感）对反生产行为的间接影响可能要强于通过工作满意度的中介效应。

　　本研究的另外一个重要发现是信息公正对反生产行为的效应被组织公正其他三个维度所削弱，其中，领导公正的削弱效应最强。这一结果表明在分配公正、程序公正和领导公正的情况下，员工反生产行为受到最强的抑制，此时信息公正与否并不会对反生产行为有太大影响；反过来看，信息不公是否会引

---

　　① 王颖、李树茁：《员工组织承诺生成机制的实证研究》，《北京师范大学学报》（社会科学版）2007 年第 199 期，第 122—129 页。

发员工反生产行为，取决于组织内分配不公、程序不公和领导不公的程度。同时，这一结果也对反生产行为的干预策略提供了一定参考。研究结果表明，要减少员工反生产行为，仅通过提高组织内的信息公正是不行的，必须通过提高组织内的分配公正、程序公正和领导公正来减少员工反生产行为，尤其是分配公正和领导公正。

结构方程模型拟合结果表明，本研究提出的工作态度链式中介模型具有较好的理论构想效度，这也进一步支持了本书文献回顾中的假设，即在中国集体文化背景下，员工和组织的联系紧密，员工在组织中体验到的各类工作满意度最终可能转换为对组织的承诺。同时研究结果也显示，情感承诺的强度与员工反生产行为呈负相关关系，说明高情感承诺的员工更不容易实施反生产行为。而且，情感承诺在反生产行为形成因果链中处于近端位置，说明情感承诺对反生产行为的影响更直接。

第五章

公正敏感性与员工反生产行为关系研究

第一节　问题的提出

在组织公正研究领域，早期研究主要探讨组织公正的结构及其对员工心理行为的影响，发展出了分配公正、程序公正、互动公正等相关理论，发现组织公正和员工的工作满意度、组织承诺、组织公民行为及反生产行为等组织结果变量具有显著关联。随着研究的深入，一些研究发现虽然组织公正知觉的个体差异和个体受到的公正/不公正对待的差异有关，但个体本身所具有的信念、态度及人格特征上的差异，也会影响其对组织公正形成不同程度的知觉和反应。由此一些学者开始把目光转向与公正知觉有关的个体差异上来，如公正世界信念①、公平敏感性②及公正敏感

①　Rubin, Z., & Peplau, A. (1973), "Belief in a Just World and Reactions to Another's Lot: A Study of Participants in the National Draft Lottery", *Journal of Social Issues*, 29 (4), 73 - 93.

②　Huseman, R. C., Hatfield, J. D., & Miles, E. W. (1987), "A New Perspective on Equity Theory: The Equity Sensitivity Construct", *Academy of Management Review*, 12 (2), 222 - 234.

性①等。

公正敏感性反映了个体对不公正事件的感受性强度和反应强度②，是一种稳定的人格结构。Schmitt、Gollwitzer、Maes 和 Arbach（2005）根据 Mikula（1994）对不公正事件的分类，提出公正敏感性应包括三个部分，分别为受害者（victim）敏感性、观察者（observer）敏感性及犯过者（perpetrator）敏感性。其中，受害者敏感性是指个体对自己受到不公正对待的敏感性，观察者敏感性是指个体对他人受到不公正对待的敏感性，而犯过者敏感性则反映了个体从不公正事件中获益的敏感性③。Schmitt、Baumert、Gollwitzer 和 Maes（2010）进一步指出，犯过者敏感性可以再分为两类：一类反映个体主动从不公正事件中获取利益的敏感性（犯过者敏感性），另一类则反映了个体被动地从不公正事件中获得利益的敏感性（受益者敏感性）④。

公正敏感性对个体的心理行为具有显著影响。早期一些研究发现，当个体经历了不公正事件或不利事件后，受害者敏感性较高的个体更容易做出强烈的反应，而且受害者敏感性这一特质比其他人格特质（如愤怒特质）对个体的态度及情绪反应

　　① Schmitt, M. J., Neumann, R., & Montada, L. (1995), "Dispositional Sensitivity to Befallen Injustice", *Social Justice Research*, 8 (4), 385 – 407.

　　② Schmitt, M., Baumert, A., Gollwitzer, M., & Maes, J. (2010), "The Justice Sensitivity Inventory: Factorial Validity, Location in the Personality Facet Space, Demographic Pattern, and Normative Data", *Social Justice Research*, 23 (2), 211 – 238.

　　③ Schmitt, M., Gollwitzer, M., Maes, J., & Arbach, D. (2005), "Justice Sensitivity: Assessment and Location in the Personality Space", *European Journal of Psychological Assessment*, 21 (3), 202 – 211.

　　④ Schmitt, M., Baumert, A., Gollwitzer, M., & Maes, J. (2010), "The Justice Sensitivity Inventory: Factorial Validity, Location in the Personality Facet Space, Demographic Pattern, and Normative Data", *Social Justice Research*, 23 (2), 211 – 238.

的预测效力更强①。不仅如此，Schmitt 和 Dörfel（1999）的研究还发现，具有较高公正敏感性的员工在感受到程序不公时，会暴露更多的身心健康问题②。随着对公正敏感性研究的深入，学者们越来越关注在不公正情境下，个体公正敏感性特质对其亲社会行为和反社会行为的影响机制。Fetchenhauer 和 Huang（2004）采用游戏理论研究范式（game theoretical paradigms）设置了三种实验室情境，对被试公正敏感性和金钱分配行为关系进行了探讨。研究结果表明：对于观察者敏感性和犯过者敏感性较高的被试来说，他们做出有利于他人的公平金钱分配的可能性更高，同时对自己不公平的金钱分配则明显难以接受；而对于受害者敏感性较高的被试，他们更容易做出利己的金钱分配③。Gollwitzer、Schmitt、Schalke、Maes 和 Baer（2005）的研究也发现了类似的结果。他们的研究包括三个部分：第一部分探讨了两类公正敏感性特质（受害者敏感性和受益者敏感性）同个体情绪和态度的关系，发现受害者敏感性和责任否定态度、受益者敏感性和内疚情绪存在显著关联；第二部分考察了公正敏感性特质在西德人对东德人团结互助态度（西德人生活水平

① Schmitt, M. J., & Mohiyeddini, C. (1996), "Sensitivity to Befallen Injustice and Reactions to a Real-life Disadvantage", *Social Justice Research*, 9 (3), 223 – 238. Mohiyeddini, C., & Schmitt, M. J. (1997), "Sensitivity to Befallen Injustice and Reactions to Unfair Treatment in a Laboratory Situation", *Social Justice Research*, 10 (3), 333 – 353.

② Schmitt, M., & Dörfel, M. (1999), "Procedural Injustice at Work, Justice Sensitivity, Job Satisfaction and Psychosomatic Well-being", *European Journal of Social Psychology*, 29 (4), 443 – 453.

③ Fetchenhauer, D., & Huang, X. (2004), "Justice Sensitivity and Distributive Decisions in Experimental Games", *Personality and Individual Differences*, 36 (5), 1015 – 1029.

高于东德人)方面的影响,结果发现受益者敏感性较强的西德人更愿意团结帮助东德人,而受害者敏感性高的西德人则反之;第三部分研究则考察了公正敏感性在个体面临道德诱惑情境时的行为选择,研究表明受益者敏感性高的个体更少表现出不道德行为意向,在现实生活中也更少实施此类行为,而受害者敏感性高的个体反之①。同时,该部分研究还探讨了个体公正敏感性特质和不道德行为合理化和道德错误概念间的关系,发现虽然受益者敏感性和受害者敏感性高的个体都会把不道德行为视为错误行为,但受害者敏感性高的个体比受益者敏感性高的个体表现出更强的将不道德行为合理化的倾向。Gollwitzer、Rothmund、Pfeiffer 和 Ensenbach (2009) 在实验室中采用公共利益游戏(public good game)方式,设置了三种违背公共利益的实验室情境(分别为无人违背、有些人违背、多数人违背),考察了受害者敏感性和观察者敏感性在这三种情境下对被试在公共利益投入方面的影响。研究结果发现:对于受害者敏感性较高的被试,在有些人违背公共利益的情况下,其对公共利益的投入总量明显比受害者敏感性低的个体要少;而对于观察者敏感性高的被试,在多数人违背的情况下,其对公共利益的投入要显著高于观察者敏感性低的被试。同时,该研究也表明,随着他人违背公共利益的次数增多,受害者敏感性高的被试对公共利益的投入会随之减少,但观察者敏感性高的被试不论他人违背公共利益的次数如何,其对公共利益的

① Gollwitzer, M., Schmitt, M., Schalke, R., Maes, J., & Baer, A. (2005), "Asymmetrical Effects of Justice Sensitivity Perspectives on Prosocial and Antisocial Behavior", *Social Justice Research*, 18 (2), 183 – 201.

投入基本不受影响①。Rothmund、Gollwitzer 和 Klimmt（2011）
采用实验室研究探讨了电脑游戏中被试受 NPC（游戏中由程序
创造出来的角色）攻击对随后的社会合作行为的影响，结果发
现受害者敏感性高的被试在游戏中遭受 NPC 攻击后显著减少了
其社会合作行为②。综上可以得出大致结论：在公正敏感性三个
构成成分中，受害者敏感性和反社会行为具有显著关联，而观
察者敏感性和受益者敏感性与亲社会行为具有密切联系。

　　对于上述研究结论，学者们提出了相关的解释。一些学者
认为受害者敏感性高的个体表现出反社会行为的根源不在于所
谓的自我中心主义，也不是出于利益最大化的考虑，更不是故
意要违反社会规范，而是由这些个体持有的愤世嫉俗的世界观
导致的。这种世界观认为世界是不公正的，别人在面临利益相
关问题时多数会做出不道德行为，在这种情况下，为了避免自
己被不公正地剥削和对待，个体不得不表现出反社会行为以确
保自己的利益。因此，出于自我保护和对他人道德行为的不信
任，个体往往会将他们的反社会行为合理化③。相关实证研究结
果也支持了这一观点，研究发现受害者敏感性和不公正世界信
念、不公正感具有较高的正相关关系，而和人际信任等心理结

---

　　① Gollwitzer, M., Rothmund, T., Pfeiffer, A., & Ensenbach, C. (2009),
"Why and When Justice Sensitivity Leads to Pro-and Antisocial Behavior", *Journal of Research in Personality*, 43 (6), 999 – 1005.

　　② Rothmund, T., Gollwitzer, M., & Klimmt, C. (2011), "Of Virtual Victims
and Victimized Virtues: Differential Effects of Experienced Aggression in Video Games on
Social Cooperation", *Personality and Social Psychology Bulletin*, 37 (1), 107 – 119.

　　③ Gollwitzer, M., Schmitt, M., Schalke, R., Maes, J., & Baer, A.
(2005), "Asymmetrical Effects of Justice Sensitivity Perspectives on Prosocial and Antisocial Behavior", *Social Justice Research*, 18 (2), 183 – 201.

构显著负相关①，提示受害者敏感性高的个体的世界观定向是倾向于非公正的。Wijn 和 van den Bos（2010）的实验室研究发现，在自身卷入了不公正情境后，个体的三种公正敏感性均显著增强，研究还发现，已有的公正体验也会增强随后个体的受害者敏感性，观察到的不公正事件则会增强个体的观察者敏感性②。虽然这个研究并未考察被试不公正世界观在不公正事件和公正敏感性增强关系中的影响，但可以推测，不公正世界观的激活在其中可能起到中介作用。除了受害者敏感性，一些学者也对观察者敏感性和受益者敏感性影响个体的心理行为机制进行了探讨。Gollwitzer、Schmitt、Schalke、Maes 和 Baer（2005）的研究指出，受益者敏感性高的个体之所以比受害者敏感性高的个体更少表现出反社会行为，是因为受益者敏感性高的个体更少将不道德行为进行合理化，他们的公正观是他人定向的，较关注自己的社会责任，也更尊重社会规范，因此倾向于实施亲社会行为而不是反社会行为。该研究还探讨了观察者敏感性的心理加工机制，认为观察者敏感性高的个体面临不公正事件时会采取更谨慎的态度，他们倾向于搜索更多的相关信息来判断并验证不公正事件的真实性，这与低观察者敏感性的个体有明显区别③。最近一些实

---

① Schmitt, M., Gollwitzer, M., Maes, J., & Arbach, D. (2005), "Justice Sensitivity: Assessment and Location in the Personality Space", *European Journal of Psychological Assessment*, 21 (3), 202 - 211.

② Wijn, R., & van den Bos, K. (2010), "Toward a Better Understanding of the Justice Judgment Process: The Influence of Fair and Unfair Events on State Justice Sensitivity", *European Journal of Social Psychology*, 40 (7), 1294 - 1301.

③ Gollwitzer, M., Schmitt, M., Schalke, R., Maes, J., & Baer, A. (2005), "Asymmetrical Effects of Justice Sensitivity Perspectives on Prosocial and Antisocial Behavior", *Social Justice Research*, 18 (2), 183 - 201.

验室研究还发现，观察者敏感性高的个体对不公正信息的知觉、记忆等信息加工过程具有明显的选择性，同时这种选择性仅局限在不公正信息上面，而对与不公正无关的其他信息并无显著影响①。

　　虽然相关研究对公正敏感性和个体心理行为之间关系做了一定探讨，但早期此类研究还处于探索阶段，缺乏成熟的理论框架。最近五年，一些学者开始总结以往的研究，提出了相关理论模型对公正敏感性在个体心理行为过程中的内在机制进行了探讨，其中较有影响力的是 SeMI 模型。所谓 SeMI 模型是"sensitivity to mean intentions model"的缩写，其中，sensitivity to mean intentions 是指个体对面临遭受他人利用或盘剥风险时的心理警觉状态。该模型由 Gollwitzer 和 Rothmund（2009）提出②，其主要观点是情境中存在的（关于他人自私不道德）线索会激活受害者敏感性高的个体的怀疑心态，即使这种线索很微弱。根据该模型，怀疑心态是一种预防性的与自我保护和安全有关的心理调节机制，具有认知和动机双重特点。在认知方面表现为不道德个人认知图示的激活（如反事实思维模式），在动机方面则表现为一种逃避性动机状态（如避免被他人利用）。怀疑心

　　① Bell, R., & Buchner, A. (2010), "Justice Sensitivity and Source Memory for Cheaters", *Journal of Research in Personality*, 44 (6), 677 – 683. Baumert, A., Gollwitzer, M., Staubach, M., & Schmitt, M. (2011), "Justice Sensitivity and the Processing of Justice-related Information", *European Journal of Personality*, 25 (5), 386 – 397.

　　② Gollwitzer, M., & Rothmund, T. (2009), "When the Need to Trust Results in Unethical Behavior: The Sensitivity to Mean Intentions (SeMI) Model", In D. De Cremer (Ed.), *Psychological Perspectives on Ethical Behavior and Decision Making*, Charlotte, NC: Information Age, 135 – 152.

态的这种双重特点会共同影响个体对情境线索的加工过程，主要表现为一种敌意的信息加工，如将他人视为不可信任的或对他人意图产生恶意归因等，这种敌意信息加工过程在不确定情境中尤为明显。当怀疑心态被激活后，个体就有很大可能性表现出不合作甚至反社会行为以避免自己被他人利用或盘剥①。

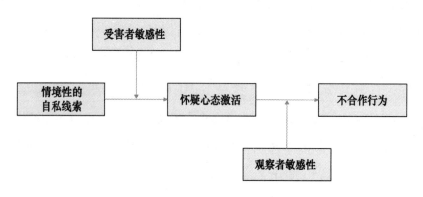

图5-1   SeMI 模型基本框架

注：资料来自 Gollwitzer 等人 2009 年的研究文献。

SeMI 模型不仅指出情境线索、受害者敏感性和怀疑心态之间的内在作用机制，还对观察者敏感性在个体怀疑心态和不合作行为中的缓解机制进行了相关解释。该模型认为，虽然知觉到的情境线索可能诱发个体的怀疑心态并导致敌意信息加工，但个体是否会表现出不合作行为或者说反社会行为还受到个体道德认同（moral identity）和条件因素（如因不合作而被惩罚的可能性）的影响。道德认同是个体道德自我调节机制中的一个重要

---

①　Rothmund, T., Gollwitzer, M., & Klimmt, C. (2011), "Of Virtual Victims and Victimized Virtues: Differential Effects of Experienced Aggression in Video Games on Social Cooperation", *Personality and Social Psychology Bulletin* ", 37 (1), 107 - 119.

构成部分，对个体的不道德认知判断和行为具有一定缓冲作用，已有研究显示，道德认同和观察者敏感性具有显著的关联①。SeMI 模型认为，即使知道他人有利用自己的意图，高观察者敏感性个体仍然会忍住实施不合作行为或反社会行为的欲望。SeMI 模型解释框架见图 5 - 1。

　　虽然 SeMI 模型尝试对公正敏感性和个体心理行为之间的内在机制进行解释，但这一模型还处于发展阶段，其中有一些问题还值得进一步思考。首先，该模型关于不合作行为的近端缓冲机制中，仅纳入了观察者敏感性，而忽略了受益者敏感性可能存在的作用。由于观察者敏感性和受益者敏感性具有较高的相关，两种特质都具有相似的道德评价标准②，因此从理论上来说受益者敏感性可能也对不合作行为/反社会行为具有一定的缓冲作用。其次，该模型并未对情境线索这一概念进行清晰界定，到底有哪些情境线索可能会引起个体对他人自私或利用自己的敏感性知觉是需要进一步考虑的问题，例如，是语义刺激、环境刺激抑或是他人的面部特征？根据 Gollwitzer、Rothmund、Pfeiffer 和 Ensenbach（2009）的建议，此类情境线索应该能够在

　　① Gollwitzer, M., Schmitt, M., Schalke, R., Maes, J., & Baer, A. (2005), "Asymmetrical Effects of Justice Sensitivity Perspectives on Prosocial and Antisocial Behavior", *Social Justice Research*, 18 (2), 183 – 201. Schmitt, M., Gollwitzer, M., Maes, J., & Arbach, D. (2005), "Justice Sensitivity: Assessment and Location in the Personality Space", *European Journal of Psychological Assessment*, 21 (3), 202 – 211.

　　② Fetchenhauer, D., & Huang, X. (2004), "Justice Sensitivity and Distributive Decisions in Experimental Games", *Personality and Individual Differences*, 36 (5), 1015 – 1029. Schmitt, M., Gollwitzer, M., Maes, J., & Arbach, D. (2005), "Justice Sensitivity: Assessment and Location in the Personality Space", *European Journal of Psychological Assessment*, 21 (3), 202 – 211.

道德诱惑情境中有效预测个体行为，而对其他非道德行为的预测效力较小①。再次，该模型虽然认为高受害者敏感性个体在知觉到他人可能具有自私或不道德表现时会产生怀疑心态，但依然不能排除个体的其他人格特质对怀疑心态的激活效应。例如，易怒倾向、愤世嫉俗等人格特质在同样的负面情境线索下也可能会导致个体产生怀疑心态；同理，责任感和宽容等亲社会个体特点也可能和观察者敏感性一样对个体的不合作或反社会行为产生缓冲效应。最后，由于该模型目前仅在实验室情境中得到研究，缺乏对真实情境的考察，因此其理论构想效度有待未来研究进一步证实。

公正敏感性概念虽然提出已经有十多年历史，但是该领域研究依然存在一些不足，如公正敏感性的稳定性、测量工具的可靠性、影响因素及跨文化研究等②。目前公正敏感性的研究基本上是在西方文化背景下完成的，我国学术界对公正敏感性的研究则非常少见。考虑到西方文化是个体主义取向的文化，而中国文化是集体主义取向的文化，两种文化背景的差异是否会导致公正敏感性出现差异是值得研究的。例如，在集体主义文化情境中，人们是否更少表现出受害者敏感性，而更多表现出观察者敏感性？西方研究得出的公正敏感性结构是否适用于中国文化背景？公正敏感性对个体心理行为的影响机制在两种文化背景下是否存在不同之处？这些问题都需要在未来进行深入

---

① Gollwitzer, M. , Rothmund, T. , Pfeiffer, A. , & Ensenbach, C. (2009), "Why and When Justice Sensitivity Leads to Pro-and Antisocial Behavior", *Journal of Research in Personality*, 43 (6), 999 – 1005.

② 谢雪贤、刘毅、吴伟炯：《公正敏感性的研究现状与展望》，《心理科学进展》2012 年第 20 卷第 2 期，第 301—308 页。

系统的探讨。

公正研究领域，还存在一些类似的概念，如公正世界信念、公平敏感性等。公正世界信念反映了个体认为在自己生活的世界中人们会得到其所应得的且所得是其应得的信念[①]。这一概念和我国传统的"善有善报，恶有恶报"的报应观有些类似之处。但报应观强调好人有好报、恶人有恶报，其推理逻辑为由因到果的顺向推理逻辑；而公正世界信念则强调所得即应得，其内在推理逻辑是从果到因（所得为应得）的逆向推理逻辑。以对受害者的推理逻辑为例，持有公正世界信念者会认为受害者得到的恶果是他们应得的，这些恶果是因为他们前期的不良行为造成的，因此持有公正世界信念的个体对受害者往往持有谴责、诋毁的态度，同时自身也更少报告不公平感、被剥夺感和被歧视感[②]。公正世界信念为个体提供了一种诠释世界的认知框架，这种内在框架使人们对所生活环境产生一种控制感，即相信世界是公正的，只要努力付出并遵循社会规范准则就能获取应得的结果[③]。因此在面对受害者时，公正世界信念强的个体倾向于

①　Zuckerman, M., & Gerbasi, K. C. (1977), "Belief in Infernal Control or Belief in a Just world: The Use and Misuse of the I-E Scale in Prediction of Attitudes and Behavior1", *Journal of Personality*, 45 (3), 356 –378.

②　Rubin, Z., & Peplau, A. (1973), "Belief in a Just World and Reactions to Another's Lot: A Study of Participants in the National Draft Lottery", *Journal of Social Issues*, 29 (4), 73 –93. Smith, K. B. (1985), "Seeing Justice in Poverty: The Belief in a Just World and Ideas about Inequalities", *Sociological Spectrum*, 5 (1 – 2), 17 –29. Hafer, C. L., & Olson, J. M. (1989), "Beliefs in a Just World and Reactions to Personal Deprivation", *Journal of Personality*, 57 (4), 799 – 823. Lipkus, I. M., & Siegler, I. C. (1993), "The Belief in a Just World and Perceptions of Discrimination", *The Journal of Psychology*, 127 (4), 465 –474.

③　杜建政、祝振兵：《公正世界信念：概念、测量及研究热点》，《心理科学进展》2007 年第 15 卷第 2 期，第 373—378 页。

认为受害者所受到的恶果是其罪有应得的，而不管受害者是否确实遭受到了不公正对待，这种信念有时看起来是荒谬可笑的，因此，有的学者认为，公正世界信念其实是个体的一种虚幻的感觉①。实际上，在现实生活中，也不乏存在好人受恶报或坏人有好报的例子，之所以个体持有这种"虚幻的"公正世界信念，是因为个体希望这个世界是有规范可循的，能够在他们的控制范围内，这种控制需要使个体更倾向于贬低受害者，因为受害者威胁到了他们对环境的可预测感和可控制感②。从这个角度来说，公正世界信念实际上预设了世界是在"得其所应得"这一幻觉式规则下运行的，因此也就间接否定了这个世界存在不公正事件这一事实，这和公正敏感性特质具有明显区别，因为公正敏感性和不公正世界观具有密切联系③，实证研究也表明，公正世界信念和公正敏感性虽然有弱相关但为两个相互独立的构念④。此外，公正世界信念仅具有认知成分，而公正敏感性不仅具有认知成分，还包括动机成分（避免被他人盘剥或利用等）⑤，

---

① Lerner, M. J. (1980), "Belief in a Just World: A Fundamental Delusion", New York: Plenum Publishing Corporation.

② Feinberg, R. A., Powell, A., & Miller, F. G. (1982), "Control and Belief in the Just World: What's Good also can be Bad", *Social Behavior and Personality: An International Journal*, 10 (1), 57 –61

③ Gollwitzer, M., Schmitt, M., Schalke, R., Maes, J., & Baer, A. (2005), "Asymmetrical Effects of Justice Sensitivity Perspectives on Prosocial and Antisocial Behavior", *Social Justice Research*, 18 (2), 183 –201.

④ Schmitt, M., Gollwitzer, M., Maes, J., & Arbach, D. (2005), "Justice Sensitivity: Assessment and Location in the Personality Space", *European Journal of Psychological Assessment*, 21 (3), 202 –211.

⑤ Gollwitzer, M., Rothmund, T., Pfeiffer, A., & Ensenbach, C. (2009), "Why and When Justice Sensitivity Leads to Pro-and Antisocial Behavior", *Journal of Research in Personality*, 43 (6), 999 –1005.

这也是两者的重要区别。

公平敏感性是在公平理论的基础上发展起来的一个重要概念。早期公平理论认为公平感来自个体将自己的投入与产生比率同他人进行比较的结果，如果比较结果是公平的，那么个体就会产生公平感，反之个体会产生不公平感[1]。然而由于这一理论忽视了个体差异的影响而备受批评，后来的研究表明诸如性别、年龄、国籍及人格特质等个体差异因素都可能对个体公平感产生显著影响。不过，早期的公平感差异研究缺乏一个理论支撑框架，显得比较零散，为了完善并推动公平感个体差异领域的研究，Huseman 等人正式提出了公平敏感性这一概念。所谓公平敏感性是指个体对公平所具有的偏好（preference）会影响其对公平或不公平现象做出稳定且个性化的反应[2]。根据Huseman 等人的观点，公平敏感性可表现为三种类型，分别为大公无私型（benevolent）、公平交易型（equity sensitivity）和自私自利型（entitled），这三种类型是一种连续体关系，可根据个体对投入与产出的关系偏好进行划分。其中位于连续体左端的是偏好投入大于产出的大公无私型，中间为偏好投入等于产出的公平交易型，右端为偏好投入小于产出的自私自利型。King Jr.、Miles 和 Day（1993）对公平敏感性结构进行了验证，发现大公无私型被试比公平交易型和自私自利型被试对不利结果的

①　Adams, J. S. (1963), "Toward an Understanding of Inequity", *Journal of Abnormal and Social Psychology*, 67 (5), 422–436.

②　Huseman, R. C., Hatfield, J. D., & Edward, W. M. (1985), "Test for Individual Perceptions of Job Equity: Some Preliminary Findings", *Perceptual and Motor Skills*, 61, 1055–1064. Huseman, R. C., Hatfield, J. D., & Miles, E. W. (1987), "A New Perspective on Equity Theory: The Equity Sensitivity Construct", *Academy of Management Review*, 12 (2), 222–234.

容忍度要高，而且不管报酬高低都表现出较高水平的工作满意度，而自私自利型对不利结果的容忍度较低。由此，King Jr 等人的研究提示公平敏感性概念需要进行修正，即公平敏感性反映的是人们对不公平的容忍度[①]。除了概念发展之外，近期一些研究还发现，公平敏感性还存在第四种类型——对公平的漠不关心（equity indifferent）[②]，对公平漠不关心的个体对投入和产出比的高低并不在意，也因此更难受到不公平的影响，不会因为不公平而减少自己的投入，也不会因为公平而增加自己的投入。

从上述研究可以发现，公平敏感性和公正敏感性对个体的公正知觉都有一定影响，但两者之间存在一定差异。公平敏感性概念强调个体对投入与产出比率的偏好或容忍度，而公正敏感性则强调个体对不公正的感受性及相关反应强度，其中，不公正这一现象不仅包括投入与产出的不公平，还包括被他人利用、他人的不道德行为或意图等。从这个角度来看，公正敏感性的内涵比公平敏感性更广，因此公平敏感性的适用范围局限在分配公平领域的研究，而公正敏感性不仅适用于分配公平领域，还可以延伸到包括程序公正、互动公正及社会公正等领域。

---

①　King Jr., W. C., Miles, E. W., & Day, D. D. (1993), "A Test and Refinement of the Equity Sensitivity Construct", *Journal of Organizational Behavior*, 14 (4), 301 - 317.

②　Davison, H. K., & Bing, M. N. (2008), "The Multidimensionality of the Equity Sensitivity Construct: Integrating Separate Benevolence and Entitlement Dimensions for Enhanced Construct Measurement", *Journal of Managerial Issues*, 20 (1), 131 - 150. Clark, L. A., Foote, D. A., Clark, W. R., & Lewis, J. L. (2010), "Equity Sensitivity: A Triadic Measure and Outcome/Input Perspectives", *Journal of Managerial Issues*, 22 (3), 286 - 305.

从结构来看，公平敏感性虽然可区分为三种到四种成分，但这些成分之间都有一个共同的基础即个体对自身投入和产出比率的关注程度，而公正敏感性的不同构成部分之间的差异明显，其指向对象不仅包括个体自身（受害者敏感性），还指向他人（观察者敏感性）。

虽然过去许多研究已经表明公正敏感性会对个体的亲社会和反社会行为产生显著影响，但这些研究多是在实验室情境中进行的，缺乏对真实工作或生活情境中两者的内在机制的考察。而且，在组织公正研究领域，对于公正敏感性在组织公正和员工心理行为关系中的作用机制尚缺乏深入的考察。近期一些研究也表明，这一个体特质具有一定的跨文化的稳定性和差异性，并开发出了不同语言版本的测量工具，然而国内组织行为科学研究领域中关于公正敏感性的研究非常稀少，研究进度远远滞后于国外研究，因此在我国开展关于公正敏感性的相关研究具有理论和现实上的意义。本研究拟对公正敏感性对员工反生产行为的影响进行考察，以明确两者的内在机制。

本研究包括两个目的，一是探讨公正敏感性在中国文化背景下的结构，二是考察公正敏感性和反生产行为的关系。

第二节 研究模型及假设

根据文献回顾结果，我们提出如下模型和假设（见图5－2）：

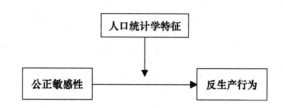

图5-2 人口统计学特征对公正敏感性和反生产行为关系的调节模型

该模型假设公正敏感性对反生产行为具有直接影响,而员工的人口统计学特征在公正敏感性和反生产行为关系中起到调节作用。具体假设如下:

H1:受害者敏感性对员工反生产行为具有直接显著正向影响。

H2:观察敏感性对员工反生产行为产生负向影响。

H3:一些特定的人口统计学变量(如性别)对公正敏感性和反生产关系关系有调节作用。

第三节 研究方法

一 被试

本研究的被试来自福州、南昌及武汉三个城市不同企事业单位的员工,均采用问卷调查法获得两个样本数据。第一个样本数据用于探索公正敏感性量表的结构,第二个样本数据包括组织公正、公正敏感性和反生产行为数据。

第一个样本的员工人数为535人。其中男性员工242人(45.2%),女性员工293人(54.8%);企业单位员工383人(71.6%),行政事业单位员工152人(28.4%);初级职务或职称员工 145 人（27.1%），中级职务或职称员工 222 人（41.5%），高级职务或职称员工 57 人（10.7%），尚未获得职务职称员工 111 人（20.7%）；工作经验三年及以下员工 114 人（21.3%），三年到五年员工 87 人（16.3%），五年到十年员工 124 人（23.2%），十年到二十年员工 132 人（24.7%），二十年以上经验员工 78 人（14.6%）；高中及以下学历员工 53 人（9.9%），中专学历员工 41 人（7.7%），大专学历员工 176 人（32.9%），本科学历员工 234 人（43.7%），研究生学历员工 31 人（5.8%）。

第二个样本员工人数为 882 人。其中男性员工 395 人（44.8%），女性员工 487 人（55.2%）；企业单位员工 620 人（70.3%），行政事业单位员工 262 人（29.7%）；初级职务或职称员工 213 人（24.1%），中级职务或职称员工 359 人（40.7%），高级职务或职称员工 103 人（11.7%），尚未获得职务职称员工 207 人（23.5%）；工作经验三年及以下员工 247 人（28.0%），三年到五年员工 142 人（16.1%），五年到十年员工 202 人（22.9%），十年到二十年员工 175 人（19.8%），二十年以上经验员工 116 人（13.2%）；高中及以下学历员工 70 人（7.9%），中专学历员工 48 人（5.4%），大专学历员工 274 人（31.1%），本科学历员工 442 人（50.1%），研究生学历员工 48 人（5.4%）。

二 研究工具

本研究包括两个测量工具，分别为公正敏感性测量问卷和反生产行为测量问卷。其中反生产行为问卷采用本研究开发的简化版的 43 个项目反生产行为问卷（见附录 3）；而公正敏感性采用 Schmitt、Gollwitzer、Maes 和 Arbach（2005）开发的问卷，该问卷包括三种公正敏感性分量表，分别为受害者敏感性分量表、观察者敏感性分量表及犯过者敏感性分量表。考虑到犯过者敏感性分量表存在构念上的问题，而且和观察者敏感性分量表的区分度不佳，因此本研究仅选取了受害者敏感性和观察者敏感性分量表作为公正敏感性的测量工具。由于该量表目前尚未有中文版本，因此本研究需要将其翻译得到的中文版本在信度、效度方面进行检验。采用探索性因子分析（EFA）和验证性因子分析（CFA）的结果表明，受害者敏感性分量表的中文版可进一步分为两个维度，分别为受害者敏感性和自我保护敏感性，而观察者敏感性基本和英文版一致，每个维度均包含 5 个项目，问卷信度、效度分析表明修订后的中文版问卷具有较好的质量。

三　数据处理

采用 SPSS 20.0 和 AMOS 20.0 作为数据统计分析工具。

第四节　研究结果

一　公正敏感性量表中文版的信度和效度检验

以样本一数据作为 EFA 分析基础，采用 SPSS 20.0 对中文版的受害者敏感性和观察者敏感性分量表进行探索性因子分析。考虑到国外研究发现受害者敏感性分量表具有自我保护动机（self-protective motive）或自我中心（egoism）、道德关注（moral concerns）两种成分，而观察者敏感性则仅表现出道德关注的单一成分①，因此本研究认为两个分量表可能包含两个到三个维度。

项目分析表明两个分量表 20 个项目的题总相关和其他相关均达到显著值，同时，受害者敏感性分量表的内部一致性系数为 0.811，观察者敏感性分量表内部一致性系数为 0.836，提示本书翻译的中文版公正敏感性量表的可信度较好。为了准确发现其内在结构，本研究通过强制提取，将两个分量表共计 20 个项目强制提取两个因子和三个因子，因子抽取方法为主成分法，因子旋转方法为最大方差法（因子分析结果见表 5 - 1）。研究结果表明，强制提取两个因子后，20 个项目的累积解释方差为40.99%，而强制提取三个因子后，20 个项目的累积解释方差提高到 50.61%，方差解释率提高了近 10%。强制提取结果初步表明用三个因子解释 20 个项目的内在结构可能比较恰当。分别对二因子结构和三因子结构对应的项目进行内容审查，发现二因子结构下包含的项目与国外公正敏感性分量表的项目内容一致，但观察者敏感性分量表有三个项目负荷小于 0.5。这三个项目分别为"当一些人得到他们不配拥有的东西时我会感到不舒服""我很难容忍一些人单方面从别人那里获得好处""他人疏忽导致的错误却让无辜人去弥补，这种事会让我愤愤不平"。从这三个项目的内容来看，主要关注个体的道德水平，同观察者敏感性具有同样成分，是受害者敏感性的体现，因此对其命名和国外量表保持一致。仅有一个项目"当一些人得到他们不配拥有的东西时我会感到不舒服"是观察者敏感性的测量项目,项目载荷为0.554,这一项目在样本二数据中也同样负荷于受害者敏感性因子,表明这一项目的表述在中国文化情境下可能存在歧义,因此可以考虑将其删除。

表5-1   公正敏感性量表因子分析结果(样本一数据)

项目内容	二因子载荷		三因子载荷		
	一	二	一	二	三
*10. 当一些人受到比别人更差的待遇时我会感到难过	0.767			0.761	
*6. 不比其他人差的人过得不好时我会难过	0.726			0.665	
*9. 当有人因为他人疏忽而无辜受责时我会难过	0.721			0.795	
*5. 当一些人比其他人学习培训机会更少时我会感到困扰	0.676			0.566	
*7. 当有人努力奋斗的目标对他人而言轻而易举时我会感到忧伤	0.665			0.541	
*2. 当别人失去他们应得的奖励时我会感到难过	0.600			0.670	
*8. 当有人无缘无故得到比他人更好的待遇时我会反复思量	0.563			0.532	
*1. 当一些人得到他们不配拥有的东西时我会感到不舒服	0.460			0.554	
*3. 我很难容忍一些人单方面从别人那里获得好处	0.429			0.396	
*4. 他人疏忽导致的错误却让无辜人去弥补,这种事会让我愤愤不平	0.413			0.527	

续表

项目内容	二因子载荷		三因子载荷		
	一	二	一	二	三
4. 为别人的错误买单这种事总是让我耿耿于怀		0.656			0.651
3. 我很难容忍别人单方面从我这里获得好处		0.646			0.497
2. 我努力挣得的奖励被转授他人时我会生气		0.612			0.754
1. 当别人获得本该属于我的东西时我会感到恼怒		0.606			0.722
6. 当不如我的人过得比我好时我会感到愤怒		0.588			0.795
9. 别人疏忽造成的错误却让我挨批，这种事令我很不舒服		0.567			0.725
5. 当别人学习培训机会比我多时我会感到不开心		0.548	0.662		
8. 别人得到比我更好的待遇时我会坐立不安		0.538	0.787		
7. 当别人轻易达成我为之努力奋斗的目标时我会感到焦虑		0.520	0.622		
10. 当我的待遇比别人差时我会生气		0.503	0.644		
方差解释率（%）	21.53	19.45	18.76	18.25	13.61

注：表中标＊号项目为观察者敏感性分量表测量项目，未标＊项目为受害者敏感性测量项目。三因子结构中，因子一为自我保护敏感性，因子二为观察者敏感性，因子三为受害者敏感性。下同。

对因子二的项目内容审查发现，该因子包含的 8 个项目都反映了个体对观察到的不公正事件的反应强度，即观察者敏感性，项目例子为"当别人失去他们应得的奖励时我会感到难过"，项目载荷区间为 0.527—0.795。这 8 个项目和国外观察者敏感性 10 个项目中的 8 个对应，剩余两个项目中，一个项目负荷在因子一"自我保护敏感性"上（见上文），还有一个项目"我很难容忍一些人单方面从别人那里获得好处"因子载荷仅为 0.396。因子三的项目内容审查发现，该因子 5 个项目主要反映了个体对自身遭受不公正对待时的反应度，体现了个体的自我保护机制，因此将其命名为自我保护敏感性。项目例子为"我努力挣得的奖励被转授他人时我会生气"，项目载荷区间为 0.497—0.754。

　　为了验证三因子结构是否合理，本研究在样本二数据的基础上，采用结构方程模型建模技术对二因子结构和三因子结构进行了比较，结果发现三因子拟合效果要优于二因子拟合效果，各项拟合指标都显著优于二因子结构。拟合指标见表 5 - 2。

表 5 -2　　　　　　　二因子和三因子拟合结果

模型	χ^2	DF	χ^2/DF	GFI	NFI	TLI	CFI	RMSEA
二因子	1609.89	134	9.03	0.82	0.72	0.69	0.70	0.10
三因子	681.27	132	5.16	0.92	0.84	0.85	0.87	0.07

　　验证性因子分析结果证实了受害者敏感性的二维结构和观察者敏感性的单维结构。然而从拟合指标可以看出，三因子结构拟合效果虽然优于二因子，但模型拟合指标提示这一结构的拟合尚未达到理想标准，提示该结构需进一步优化。

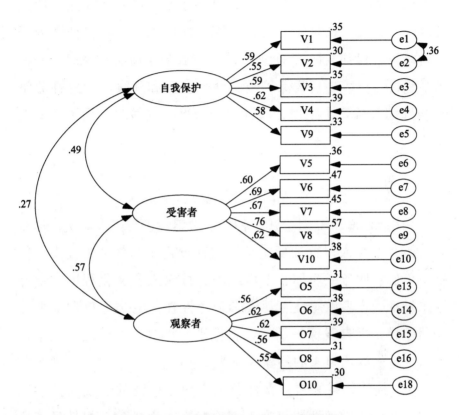

图5-3　公正敏感性三因子结构模型

　　对三因子结构拟合结果仔细审查发现：观察者敏感性量表第2题"当别人失去他们应得的奖励时我会难过"、第4题"他人疏忽导致的错误却让无辜人去弥补，这种事会让我愤愤不平"及第9题"当有人因为他人疏忽而无辜受责时我会难过"的路径系数较低，修正指数（modification indices，MI）表明，这三个项目的残差均和其他两个因子有较大的关联，表明这三个项目区分度不佳，因此将其删除，删除这三个项目后，模型的拟合指标得到显著改善，分别为 $\chi^2 = 268.71$，DF = 86，$\chi^2/\text{DF} = 3.12$，GFI = 0.96，NFI = 0.92，TLI = 0.93，CFI = 0.95，RM-

SEA = 0.049，达到了统计学上的理想水平，表明删除这三项是合理的。由此，根据项目分析、探索性因子分析和验证性因子分析结果，得到共计 15 个项目的中文版公正敏感性量表，受害者敏感性分量表、自我保护敏感性分量表和观察者敏感性分量表均分别包含 5 个项目，验证性分析得出的最终三因子模型见图 5 - 3。

二　公正敏感性的人口统计学差异

采用 SPSS 20.0 对上述三种公正敏感性进行了人口统计学差异分析，七类人口特征变量纳入差异分析中，分别为性别、年龄、单位、职务或职称、工作经验、月收入及文化程度。统计结果发现受害者敏感性、观察者敏感性在这七类人口特征上无显著差异，但自我保护敏感性在性别、年龄和工作经验三个人口特征上表现出显著的差异（见表 5 - 3）。

从 t 检验结果来看，女性员工表现出更强的自我保护敏感性，自我保护敏感性均值为 3.78，标准差为 0.54；男性员工均值为 3.68，标准差为 0.64。对年龄事后检验（post hoc）结果发现，18—25 岁、46 岁以上两个年龄段的员工比 26—35 岁、36—45 岁两个年龄段的员工的自我保护敏感性均值明显更低，这一结果表明 26—45 岁这个年龄段员工具有更强的自我保护敏感性。对工作经验事后检验结果表明 5 年及以下工作经验的员工比 5 年以上工作经验的员工的自我保护敏感性均值显著更低，表明 5 年以上工作经验员工具有更强的自我保护敏感性。年龄和工作经验事后检验的结果显示了类似的结果，表明中青年员工有更强的自我保护敏感性。

表5-3　　　　公正敏感性的人口统计学差异分析结果

	自我保护敏感性	受害者敏感性	观察者敏感性
性别	-2.39*	-0.92	-0.86
年龄	3.74*	0.39	1.11
单位	-0.22	1.01	0.20
职务或职称	1.77	0.19	1.33
工作经验	4.78**	0.46	0.80
月收入	0.26	1.62	0.21
文化程度	1.68	1.61	0.62

注：性别和单位的差异检验采用 t 检验，其他五类人口特征采用 F 检验。

三　相关研究变量描述性统计及相关分析结果

采用 SPSS 20.0 软件对三类公正敏感性及四类反生产行为的均值、标准差及其相关关系进行分析，结果见表5-4。

表5-4　　　　研究变量描述统计及相关分析结果

	M	SD	1	2	3	4	5	6
1. 自我保护敏感性	3.735	0.588						
2. 受害者敏感性	2.933	0.693	0.376**					
3. 观察者敏感性	3.259	0.568	0.190**	0.433**				
4. 人际指向 CWB	1.287	0.510	-0.114**	0.138**	0.048			

	M	SD	1	2	3	4	5	6
5. 财物信息 CWB	1. 145	0. 448	− 0. 108 **	0. 136 **	0. 069 *	0. 757 **		
6. 一般违规 CWB	1. 382	0. 550	− 0. 023	0. 109 **	0. 031	0. 700 **	0. 820 **	
7. 任务指向 CWB	1. 703	0. 665	0. 070 *	0. 140 **	0. 004	0. 507 **	0. 575 **	0. 724 **

注：* * 表示 p < 0.01；* 表示 p < 0.05。CWB 表示反生产行为。

从表 5 – 4 可以发现，自我保护敏感性和人际指向反生产行为、财物信息指向反生产行为有显著负相关关系，和任务指向反生产行为有微弱但显著的正相关关系，但和一般违规反生产行为无显著关联；受害者敏感性和四类反生产行为均有显著正相关关系，而观察者敏感性和财物信息指向反生产行为具有显著正相关关系。自我保护敏感性和受害者敏感性有中等程度显著相关关系（$\gamma = 0.376$），和观察者敏感性有轻微且显著相关关系（$\gamma = 0.190$），受害者敏感性和观察者敏感性有中等程度显著相关关系（$\gamma = 0.433$）。

四　反生产行为的人口统计学差异

考察公正敏感性对反生产行为的影响，必须控制无关变量的影响。为此，本研究考察了四类反生产行为在七类人口统计学上的差异表现，结果发现：工作单位、月收入、工作经验及文化程度对反生产行为无显著影响，但性别、年龄、职务或职称对反生产行为有显著影响。因此，在考察公正敏感性对反生产行为的影响时，需对性别、年龄、职务或职称三个人口统计学变量进行控制。

五　公正敏感性对反生产行为的影响分析

在控制性别、年龄及职务或职称三个混淆变量后，以三类公正敏感性为自变量，考察它们对四类反生产行为（因变量）的影响。前文公正敏感性的人口统计学分析表明性别、工作经验对自我保护敏感性有显著影响，因此性别、工作经验两个变量与自我保护敏感性可能存在交互作用，本研究还将考察这种交互作用对反生产行为的影响，为此，工作经验变量也需纳入回归分析中。

由于性别和工作经验都是分类变量，在分析它们同自我保护交互作用时，不能采取直接乘积的方式建立交互项，需将其转化为虚拟变量（dummy variable）。转化后的性别虚拟变量编码为男（1）女（0）；对于工作经验，根据事后检验结果，将其转化为5年及以下（0）和5年以上（1）的虚拟变量。分析采用分层逐步回归方法，结果见表5-5。

回归分析表明，三类控制变量对人际指向反生产行为均有显著影响。其中，性别影响表现为男性员工比女性员工人际指向反生产行为的发生频次更高；年龄对反生产行为的影响主要表现为随着年龄的增加，员工发生人际指向反生产行为的频次减少；职务或职称的影响表现为随着职务或职称的提高，员工发生人际指向反生产行为的频次增加。

表5-5　　　人际指向反生产行为对公正敏感性的回归分析结果

	第一步	第二步	第三步	ΔF	ΔR^2
	β	β	β		
控制变量（enter）					
性别	0.14**	0.14**	0.14**		
年龄	-0.12*	-0.12*	-0.12**		
职务或职称	0.12**	0.10**	0.10**		
工作经验	-0.05	-0.01	-0.01	10.47	0.04**
自变量（enter）					
自我保护敏感性		-0.16**	-0.06		
受害者敏感性		0.21**	0.20**		
观察者敏感性		-0.02	-0.01	12.98	0.04**
交互作用（stepwise）					
性别×自我保护敏感性			-0.14**	9.06	0.01**
工作经验×自我保护敏感性			0.03		

注：**表示 p < 0.01；*表示 p < 0.05。

　　研究结果显示，第二步引入的三类公正敏感性维度中，自我保护敏感性对人际指向反生产行为有负向预测效力，受害者敏感性对人际指向反生产行为有正向预测效力，而观察者敏感性对人际指向反生产行为无显著影响。第三步引入的交互项中，性别与自我保护敏感性的交互作用对人际指向反生产行为有显著负向预测效力，但工作经验和自我保护敏感性的交互作用对人际指向反生产行为无显著影响。同时研究还发现，在引入交互项后，自我保护敏感性对反生产行为的直接影响消失，这一结果提示自我保护敏感性对反生产行为的影响主要与性别有关。

　　为了进一步明确性别的调节机制，我们根据 Aiken 和 West

（1991）提出的调节效应分析方法①，绘制了相关的调节效应图。从调节效应图可以发现（见图5-4）：随着自我保护敏感性的提高，男性员工发生指向人际反生产行为的频次降低，simple slope 值为 -0.20，t 值为 -4.24，$p < 0.01$；女性员工也出现轻微下降趋势，但不显著，simple slope 值为 -0.059，t 值为 -1.20，$p > 0.05$。

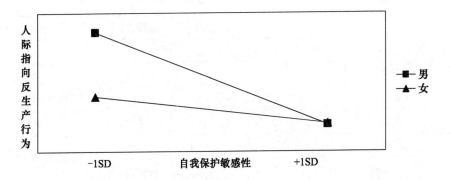

图5-4　性别对自我保护敏感性和人际指向反生产行为关系的调节效应

　　对财物信息指向反生产行为的回归分析发现，年龄对财物信息指向反生产行为无显著影响，但性别、职务或职称有显著影响。其中，性别影响表现为男性员工比女性员工在财物信息指向反生产行为的发生频次更高；职务或职称的影响主要表现为随着职务或职称的提高，员工发生财物信息指向反生产行为的频次也随之增加。分层回归分析结果显示，第二步引入的三类公正敏感性中，自我保护敏感性对财物信息指向反生产行为有负向预测效力，受害者敏感性对财物信息指向反生产行为有

---

　　①　Aiken LS, West SG. (1991), "Multiple Regression: Testing and Interpreting Interactions", *Newbury Park*, CA: Sage, 9 - 27.

正向预测效力，而观察者敏感性对财物信息指向反生产行为无显著影响。第三步和第四步引入的交互项中，性别与自我保护敏感性的交互作用对财物信息指向反生产行为有显著负向预测效力，工作经验和自我保护敏感性的交互作用对财物信息指向反生产行为也有显著正向影响（见表5-6）。

表5-6 财物信息反生产行为对公正敏感性的回归分析结果

	第一步	第二步	第三步	第四步	ΔF	ΔR^2
	β	β	β			
控制变量（enter）						
性别	0.16**	0.15**	0.15**	0.15**		
年龄	0.04	0.04	0.04	0.04		
职务或职称	0.11**	0.08*	0.08*	0.07*		
工作经验	0.04	0.01	-0.002	0.001	8.37	0.04**
自变量（enter）						
自我保护敏感性		-0.16**	-0.06	-0.13*		
受害者敏感性		0.20**	0.19**	0.19**		
观察者敏感性		0.02	0.02	0.02	12.92	0.04**
交互作用（stepwise）						
性别×自我保护敏感性			0.14**	0.15**	8.84	0.01*
工作经验×自我保护敏感性				0.10*	3.91	0.004**

注：**表示$p < 0.01$；*表示$p < 0.05$。

从调节效应图可以发现（见图 5 - 5）：随着自我保护敏感性的提高，男性员工发生财物信息指向反生产行为的频次降低，simple slope 值为 -0.28，t 值为 -4.49，$p < 0.01$；女性员工也出现同样的显著下降趋势，simple slope 值为 -0.13，t 值为 -2.14，$p < 0.01$。

此外，工作经验同自我保护敏感性的交互作用也对财物信息指向反生产行为有显著影响。从图 5 - 6 可以发现，随着自我保护敏感性的提高，5 年及以下工作经验的员工的财物信息指向反生产行为的发生频次逐渐减少，simple slope 值为 -0.13，t 值为 -2.14，$p < 0.01$；工龄大于 5 年的员工也出现同样的显著下降趋势，但不显著，simple slope 值为 -0.03，t 值为 -0.35，$p > 0.05$（见图 5 - 6）。

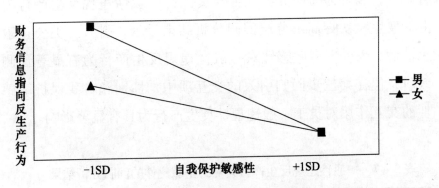

图 5 - 5 性别对自我保护敏感性和财物信息指向
反生产行为关系的调节效应

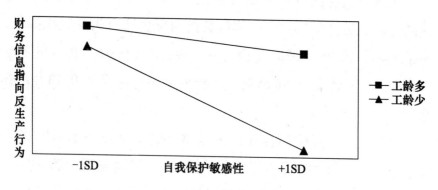

图 5 - 6　工作经验对自我保护敏感性和
财物信息指向反生产行为关系的调节效应

对一般违规性反生产行为的分层回归分析表明（见表 5 -
7），在四类控制变量中，仅性别对一般性违规反生产行为有显
著影响，表现为女性员工比男性员工在一般性违规反生产行为
上的发生频次更高。分层回归分析结果显示，引入三类公正敏
感性后，仅受害者敏感性对一般性违规反生产行为有显著预测
效应，但在第三步回归引入的交互项中，性别和自我保护敏感
性的交互作用对员工一般违规性反生产行为具有显著影响。

表 5 - 7　一般性违规反生产行为对公正敏感性的回归分析结果

	第一步	第二步	第三步	ΔF	ΔR^2
	β	β	β		
控制变量 （enter）					
性别	0.17**	0.17**	0.17**		
年龄	0.02	0.02	0.02		
职务或职称	0.07	0.06	0.06		

续表

	第一步	第二步	第三步	ΔF	ΔR^2
	β	β	β		
工作经验	0.03	0.04	0.05	8.67	0.04**
自变量（enter）					
自我保护敏感性		-0.06	0.02		
受害者敏感性		0.15**	0.14**		
观察者敏感性		-0.02	-0.02	5.18	0.02**
交互作用 （stepwise）					
性别×自我 保护敏感性			-0.12*	5.86	0.01*
工作经验×自我 保护敏感性			0.05		

注：**表示 p < 0.01；*表示 p < 0.05。

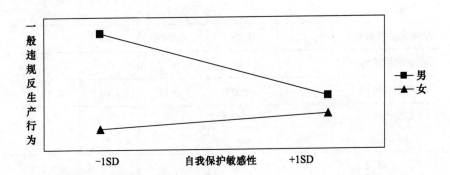

图 5-7 性别对自我保护敏感性和一般违规反生产行为关系的调节效应

调节效应分析显示，性别对自我保护敏感性和一般违规反生产行为关系具有调节作用。随着自我保护敏感性的提高，男性员工在一般违规反生产行为上的发生频次呈显著下降趋势，simple slope 值为 -0.094，t 值为 -1.96，$p < 0.05$；女性员工随着自我敏感性的提高，在一般违规反生产行为的发生频次上呈现轻微但不显著的上升趋势，simple slope 值为 0.22，t 值为 0.44，$p > 0.05$（见图 5-7）。

表 5-8　任务指向反生产行为对公正敏感性的回归分析结果

	第一步	第二步	第三步	ΔF	ΔR^2
	β	β	β		
控制变量（enter）					
性别	0.12**	0.12**	0.12**		
年龄	-0.01	-0.01	-0.02		
职务或职称	-0.02	-0.02	-0.02		
工作经验	0.01	0.01	0.01	3.14	0.01**
自变量（enter）					
自我保护敏感性		0.03	0.03		
受害者敏感性		0.16**	0.16**		
观察者敏感性		-0.07	-0.07	7.61	0.03**
交互作用（stepwise）					
性别×自我保护敏感性			-0.08		
工作经验×自我保护敏感性			-0.01		

注：**表示 $p < 0.01$；*表示 $p < 0.05$。

对任务指向反生产行为的分层回归分析显示，在四类控制变量中，仅性别对任务指向反生产行为有显著预测效应，表现为男性员工比女性员工在任务指向反生产行为上的发生频次更高。在三类公正敏感性维度中，仅受害者敏感性对任务指向反生产行为有显著的正向预测效力，其他两类公正敏感性对其无显著影响。调节效应分析显示性别和自我保护敏感性的交互作用、工作经验和自我保护敏感性的交互作用都对任务指向反生产行为无显著影响（见表5-8）。

第五节　讨论

一　公正敏感性中文版分量表的质量

上述研究结果表明，国外研究发现的公正敏感性两个分量表在中国情境下可分离出三个维度，分别为自我保护敏感性、受害者敏感性及观察者敏感性。探索性因子分析和验证性因子分析均支持了这一发现。人口统计学差异分析表明，自我保护敏感性、受害者敏感性和观察者敏感性中，仅自我保护敏感性具有显著的人口统计学差异，而其他两个维度均不受人口统计学特征的影响，这一结果也表明本研究发现的自我保护敏感性和受害者敏感性是不同的公正敏感性特质。分层逐步回归结果显示，三类公正敏感性维度对四类反生产行为具有不同的预测效力，其中，自我保护敏感性对人际指向、财物信息指向和一般性违规三类反生产行为具有负向预测效力，而受害者敏感性对人际指向、财物信息指向、任务指向及一般性违规反生产行为均有显著的正向预测效力，观察者敏感性对四类反生产行为均无显著影响。回归分析结果表明,自我保护敏感性、受害者敏感性和观察者敏感性具有不同的预测效力,进一步支持了本研究发现的三类公正敏感性维度是相互独立的人格特质,这一发现将有助于补充完善公正敏感性的跨文化结构研究。

二　自我保护敏感性的内涵探讨及其对反生产行为的影响分析

虽然本研究发现自我保护敏感性是独立的人格特质,但这一维度在国外研究中尚未被单独分离出来,而是包含在受害者敏感性维度中。Schmitt、Gollwitzer、Maes 和 Arbach(2005)指出受害者敏感性维度是道德关注和自我保护两种特质的混合体,认为自我保护特质反映了个体对遭受剥夺(deprivation)的心理警惕倾向,这种警惕性会促使个体采取一定的保护自我的策略以防止不利局面发生[①]。根据这一界定进行合理推测:(1)如果一些特定的社会情境、事件或行为具有使个体面临被剥夺或者陷入不利局面的风险,自我保护倾向较强的个体可能会采取回避、谴责或排斥的策略进行应对;(2)如果某些特定的社会情境、事件或行为具有剥夺他人利益和幸福的可能性,对剥夺警惕性高的个体也会采取回避、谴责或排斥策略进行应对。因此,自我保护敏感性这两个特点会影响个体在面对具有剥夺性质的社会情境、事件或行为时的反应,本研究结果在一定程度上支持了这一推测。研究结果显示:自我保护敏感性对三类反生产

---

① Schmitt, M., Gollwitzer, M., Maes, J., & Arbach, D. (2005), "Justice Sensitivity: Assessment and Location in the Personality Space", *European Journal of Psychological Assessment*, 21 (3), 202 – 211.

行为都具有显著预测效应，表明自我保护敏感性越高，员工反生产行为发生的可能性越小。根据自我保护敏感性的两个特点，对这一现象可从两个方面进行解释：（1）由于反生产行为对组织及其成员的幸福和利益具有极大的危害性和破坏性，实施这一行为将面临组织或组织成员的严厉惩罚、报复及排斥等风险，因此高自我保护敏感性的员工更少实施反生产行为。同时，中国文化是集体主义取向较强的文化，而反生产行为所具有的破坏组织集体利益和集体内部和谐的特点会受到这种集体主义取向文化的极大排斥，对于高自我保护敏感性的员工而言，实施反生产行为将面临组织集体主义取向排斥和惩罚的巨大风险，这种风险将剥夺个体在组织中所拥有的权益，威胁他们在组织中的生存与发展，是一种得不偿失的行为，因此高自我保护敏感性的员工比低自我保护敏感性的员工会更少实施反生产行为。（2）反生产行为具有剥夺组织及其成员利益或幸福的特点，高自我保护敏感性员工所具有的高剥夺警惕性会影响他们对这种具有不正当剥夺性质的行为的态度及反应，并表现出排斥和抵制，因此在此类行为上他们的发生频次比低自我保护敏感性的员工更低。

一个令人感兴趣的发现是虽然自我保护敏感性对人际指向、财物信息指向及一般性违规反生产行为具有负向预测效力，但对任务指向反生产行为则无显著影响。这一现象可能和以下两个方面的原因有关：（1）相比较其他三类反生产行为而言，任务指向反生产行为的危害程度较小，诸如人际指向和财物信息指向反生产行为都具有严重危害组织及其成员利益的特点，如与同事或上级冲突、窃取或破坏单位财物等，而任务指向反生产行为如"磨洋工"、装忙没做事、上网聊天等则相对显得更轻微,这种相对"不严重"的行为,在员工看来,并无多大的危害性,实施这些行为也不需要承担多大的剥夺风险。国外一些研究报告的一些高频反生产行为也多和任务指向反生产行为有关①,Bowling 和 Gruys(2010)指出,之所以与这些任务相关的反生产行为报告频次较高,是因为它们的危害程度较小②。因此,对于这种在员工看来轻微的、相对不严重的行为,即使自我保护敏感性比较高的个体也不会产生对剥夺的心理预警,这可能是自我保护敏感性对任务指向反生产行为预测效力不明显的原因之一。(2)任务指向反生产行为的发生频次较高,尤其是其中一些行为在工作场所中具有一种普遍性和跨组织特性,这种现象一方面源于我国组织管理者尚未清醒地认识到这一行为潜在的、长期的危害③,另一方面也与员工自身对这一行为缺乏足够认识有关。组织管理者和员工对任务指向反生产行为的这种有意无意的忽略使一些任务指向反生产行为在工作场所成为一种看得到的甚至习以为常的行为,一些任务指向行为甚至

① Bennett, R., & Robinson, S. (2000), "Development of a Measure of Workplace Deviance", *Journal of Applied Psychology*, 85 (3), 349 – 360. Gruys, M. L., & Sackett, P. R. (2003), "Investigating the Dimensionality of Counterproductive Work Behavior", *International Journal of Selection and Assessment*, 11 (1), 30 – 42. Spector, P., Fox, S., Penney, L., Bruursema, K., Goh, A., & Kessler, S. (2006), "The Dimensionality of Counterproductivity: Are all Counterproductive Behaviors Created Equal?" *Journal of Vocational Behavior*, 68 (3), 446 – 460.

② Bowling, N. A., Gruys, M. L. (2010), "Overlooked Issues in the Conceptualization and Measurement of Counterproductive Work Behavior", *Human Resource Management Review*, 20 (1), 54 – 61.

③ Rotundo, M., & Xie, J. L. (2008), "Understanding the Domain of Counterproductive Work Behaviour in China", *International Journal of Human Resource Management*, 19 (5), 856 – 877.

具有跨组织情境的普遍性（如工作期间滥用电脑等）。在这种情况下，员工对实施这些任务相关反生产行为并无多大的压力，因为对他们来说，一些与"大家都这么做，我这么做也没什么"相类似的想法就是一种行为合理化的借口。这种合理化的借口，在一定程度上降低了员工对这些行为所具有的剥夺性质的心理警觉程度，亦即自我保护敏感性没有被激活，在这种情况下，自我保护敏感性对任务指向反生产行为也就无显著影响。

另一个令人感兴趣的发现是性别对公正敏感性和反生产行为关系的调节效应有显著影响。回归分析结果表明，随着自我保护敏感性的提高，男性员工在三类反生产行为上的发生频次都呈显著下降趋势，但女性员工仅在财务信息指向反生产行为上表现出显著的下降趋势，而且下降幅度小于男性员工，甚至在一般性违规反生产行为上还表现出轻微但不显著的上扬趋势。这一结果的产生可能有两个原因：（1）对于实施反生产行为将面对的剥夺性惩罚，男性员工比女性员工更加在意或者说更加担忧，因为在组织的剥夺性惩罚造成的损失方面，男性员工往往比女性员工的损失会更多；而对于财务信息指向反生产行为，女性员工也表现出同样的显著下降趋势，这与女性员工对实施此类行为可能遭受较严厉剥夺性惩罚的警惕有关，在这种情况下，自我保护敏感性的激活使女性员工也减少了此类行为的发生频次；（2）同男、女员工在面临剥夺风险时的自我保护策略有关，亦即在自我保护敏感性相同的情况下，面对实施反生产行为可能带来的剥夺风险，男性员工采取了更加稳妥的自我保护策略（如尽量减少实施反生产行为的频次以规避此类风险行为）。

三　受害者敏感性和观察者敏感性对反生产行为的不同影响

回归分析结果显示，受害者敏感性和观察者敏感性对员工反生产行为的预测效力明显不同，表现为受害者敏感性显著正向预测员工反生产行为，而观察者敏感性对反生产行为则无显著预测效力，这一结果和国外研究基本一致。反生产行为在本质上也是一种反社会行为的表现，国外许多研究发现，受害者敏感性和反社会行为（antisocial behavior）密切关联，而观察者敏感性和亲社会行为（prosocial behavior）相关较密切[①]，本研究对中国员工反生产行为的考察证明国外研究得出的这一结论同样适用于中国文化情境。受害者敏感性高的员工之所以表现出较高频次的反生产行为，可能与他们的敌意归因偏见有关，根据 SeMI 模型[②]，组织情境中存在的（关于他人自私、不道德）的线索会激活受害者敏感性高的员工的怀疑心态，这种激活的阈限较低，即使相关线索很微弱，受害者敏感性高的员工也会产生怀疑。在这种怀疑心态作用下，员工产生了一种敌意的认知加工过程，并实施不合作甚至反生产行为以避免自己被盘剥、

[①] Fetchenhauer, D. , & Huang, X. (2004), "Justice Sensitivity and Distributive Decisions in Experimental Games", *Personality and Individual Differences*, 36 (5), 1015 – 1029. Gollwitzer, M. , Rothmund, T. , Pfeiffer, A. , & Ensenbach, C. (2009), "Why and When Justice Sensitivity Leads to Pro-and Antisocial Behavior", *Journal of Research in Personality*, 43 (6), 999 – 1005. Gollwitzer, M. , Schmitt, M. , Schalke, R. , Maes, J. , & Baer, A. (2005), "Asymmetrical Effects of Justice Sensitivity Perspectives on Prosocial and Antisocial Behavior", *Social Justice Research*, 18 (2), 183 – 201.

[②] Gollwitzer, M. , & Rothmund, T. (2009), "When the Need to Trust Results in Unethical Behavior: The Sensitivity to Mean Intentions (SeMI) Model", In D. De Cremer (Ed.), *Psychological Perspectives on Ethical Behavior and Decision Making*, Charlotte, NC: Information Age, pp. 135 – 152.

利用①。反生产行为领域的许多研究均表明敌意归因偏见和反生产行为密切关联②。所谓敌意归因偏见是指个体对他人行为意图的恶意归因倾向，Martinko、Gundlach 和 Douglas（2002）指出，具有敌意归因倾向的员工容易将失败归结为他人或外部因素，并表现出工作场所攻击行为③，因此，受害者敏感性对反生产行为的影响可能受到个体的敌意归因偏见等负面人格特质的影响。本研究结果还发现，观察者敏感性这一公正敏感性维度对员工反生产行为无预测效力，这一结果可能与员工的道德认同机制有关。道德认同反映了个体对道德事件或行为的接受或认可程度，对个体的道德认知判断和行为具有一定缓冲作用，具有高度道德认同的个体会表现出较高的亲社会行为倾向，已有研究显示，道德认同和观察者敏感性具有显著的关联④。因此，根据

---

① Rothmund, T., Gollwitzer, M., & Klimmt, C. (2011), "Of Virtual Victims and Victimized Virtues: Differential Effects of Experienced Aggression in Video Games on Social Cooperation", *Personality and Social Psychology Bulletin*, 37 (1), 107 – 119.

② Bing, M., Stewart, S., Davison, H., Green, P., McIntyre, M., & James, L. (2007), "An Integrative Typology of Personality Assessment for Aggression: Implications for Predicting Counterproductive Workplace Behavior", *Journal of Applied Psychology*, 92 (3), 722 – 743. Spector, P. E., & Fox, S. (2010), "Theorizing about the Deviant Citizen: An Attributional Explanation of the Interplay of Organizational Citizenship and Counterproductive Work Behavior", *Human Resource Management Review*, 20 (2), 132 – 143. Spector, P. (2011), "The Relationship of Personality to Counterproductive Work Behavior (CWB): An Integration of Perspectives", *Human Resource Management Review*, 21 (4): 342 – 352.

③ Martinko, M. J., Gundlach, M. J., & Douglas, S. C. (2002), "Toward an Integrative Theory of Counterproductive Workplace Behavior: A Causal Reasoning Perspective", *International Journal of Selection and Assessment*, 10 (1 – 2), 36 – 50.

④ Gollwitzer, M., Schmitt, M., Schalke, R., Maes, J., & Baer, A. (2005), "Asymmetrical Effects of Justice Sensitivity Perspectives on Prosocial and Antisocial Behavior", *Social Justice Research*, 18 (2), 183 – 201. Schmitt, M., Gollwitzer, M., Maes, J., & Arbach, D. (2005), "Justice Sensitivity: Assessment and Location in the Personality Space", *European Journal of Psychological Assessment*, 21 (3), 202 – 211.

这一推断，观察者敏感性应该对反生产行为等反社会行为具有显著的负向预测效力，对组织公民行为等亲社会行为具有正向预测效力。然而本书并未发现观察者敏感性对反生产行为具有显著的负向预测效力。回归分析表明，虽然观察者敏感性对四类反生产行为具有负向影响，但是这种影响并未达到统计学上的显著性水平，而自我保护敏感性对反生产行为的负向预测效力较显著。由于观察者敏感性反映了个体对他人遭受不公正对待时的反应，而受害者敏感性和自我保护敏感性主要与个体自身相关，因此，结合上述研究结论，本书认为在未考虑其他因素影响的情况下，组织中他人是否受到不公正对待并不会显著影响观察到这些不公事件的员工的反生产行为频次。这似乎与中国人一些"事不关己，高高挂起""个人自扫门前雪，休管他人瓦上霜"的思想有类似之处。当然，这一结论是否可靠还需要进一步检验，因为某些特定因素可能会影响这一结论，例如，如果遭受不公正待遇的员工和观察到的员工具有密切联系，观察者敏感性高的员工可能会受到影响，"兔死狐悲"或"唇亡齿寒"的看法在中国人思想中也并不少见。未来研究应该进一步考察我国传统文化思想在观察者敏感性和员工心理行为反应中的调节作用。

四　反生产行为表现的个体差异

回归分析结果显示，反生产行为的发生频次具有显著的个体差异。其中，性别对四类反生产行为都有显著影响，表现为男性员工比女性员工在四类反生产行为上的发生频次更高，这一结果的产生可能和多方面因素有关。根据压力源—情绪—反生产行为模型的解释框架，工作情境中存在的各种压力是反生产行为的重要诱因。在我国文化背景下，男性员工一般会比女性员工在组织中承担更多的责任，这些责任会使男性员工产生更多的压力感。根据压力源—情绪—反生产行为模型，压力会通过负面情绪的中介机制间接诱发员工反生产行为，因此，男性员工往往比女性表现出更高频次的各类反生产行为。另外，男性和女性的道德认知加工过程不同也可能是造成这一现象的原因之一。Barriga、Morrison、Liau 和 Gibbs（2001）的研究指出，男性和女性的反社会行为的差异也与他们的道德认知差异有关，男性和女性在道德判断上虽然没有明显不同，但女性比男性表现出更多的道德认同和更少的道德自我服务扭曲①，因此男、女员工在道德认知上的差异可能是导致男性员工比女性员工发生更多反生产行为的一个重要原因。此外，一些与反生产行为显著关联的负面人格特质所具有的性别差异也可能是原因之一，例如，男性比女性表现出更高水平的敌意归因偏见②。

　　本研究另外一个重要发现是年龄、职务或职称对特定反生产行为的影响。分析表明，随着年龄的增加，员工在人际指向反生产行为上的发生频次呈降低趋势，但员工职务或职称水平的提高却伴随着人际指向反生产行为和财物信息指向反生产行为的增加。对于年龄和人际指向反生产行为的这种负向关系，

---

① Barriga, A. Q., Morrison, E. M., Liau, A. K., & Gibbs, J. C.（2001），"Moral Cognition: Explaining the Gender Difference in Antisocial Behavior", *Merrill-Palmer Quarterly*, 47（4），532 – 562.

② Martinko, M. J., Gundlach, M. J., & Douglas, S. C.（2002），"Toward an Integrative Theory of Counterproductive Workplace Behavior: A Causal Reasoning Perspective", *International Journal of Selection and Assessment*, 10（1 – 2），36 – 50.

国外研究也有类似的发现，但国外研究发现年龄和许多反生产行为都有负向相关[1]，而本研究的结果表明，在四类反生产行为中，年龄仅对人际指向反生产行为有负向影响，这和国外的一些研究有一定差异，这种差异是否和东西方文化背景差异有关需要进一步考证。对于职务或职称水平同人际指向反生产行为、财物信息指向反生产行为的负向关系而言，这一发现对于组织管理实践具有重要参考价值。拥有较高职务或职称的员工在组织中往往掌握着较多的资源和权力，在这种情况下，如果员工缺乏有效的自我管理方式，组织也缺乏相应的监督机制，将可能导致权力或资源滥用等行为，如出现上级辱虐行为（supervisor abuse，表现为上级对下级的谩骂、威胁、欺负甚至性骚扰等现象）、骗取组织财物行为等，因此在组织中建立有效的权力管理和监督机制是非常有必要的。

---

① Gruys, M. L. , & Sackett, P. R. (2003), "Investigating the Dimensionality of Counterproductive Work Behavior", *International Journal of Selection and Assessment*, 11 (1),30 – 42.

第六章

工作价值观结构及其对员工
反生产行为的影响

第一节　问题的提出

一　工作价值观结构

工作价值观又称为工作定向或工作偏好，它反映了个体对在工作情境中所获结果的重要性判断[①]，是个体的一般价值观在工作情境中的特定表现[②]。工作价值观结构的早期研究受到Herzberg、Mausner 和 Snyderman（1959）提出的工作满意度双因素论[③]的影响，将工作价值观结构视为由内部和外部工作价值构成的二维结构，但随着研究的深入，越来越多的学者发现工

---

① Elizur, D. (1984), "Facets of Work Values: A Structural Analysis of Work Outcomes", *Journal of Applied Psychology*, 69 (3), 379 – 389.

② Ros, M., Schwartz, S. H., & Surkiss, S. (1999), "Basic Individual Values, Work Values, and the Meaning of Work", *Applied Psychology*, 48 (1), 49 – 71.

③ Herzberg, F. M., Mausner, B., & Snyderman, B. (1959), *The Motivation to Work* (2nd ed), New York: Wily.

作价值观不能简单地用内部—外部二分法来区分[①]。自 20 世纪八九十年代起，一些学者开始尝试整合以往工作价值观领域的研究。Elizur（1984）和 Hunt、Beck 等人（1991）根据层面理论（facet theory）的研究范式，对工作价值观结构进行了整合性研究。他们提出工作价值观可以分为结果形态和任务绩效关联两个层面[②]。前者反映个体对工作结果的价值判断，可分为工具性、情感性及认知性三种价值观。后者则反映了个体对工作结果与工作绩效关系的价值观，包括两类：一类反映了员工对组织激励因素（如福利）的价值判断，不依赖于工作结果；另一类反映了员工对工作回报（如晋升）的价值判断，同工作结果有密切联系。Ros、Schwartz 和 Surkiss（1999）则认为工作价值观形态可分为内部的、外部的、社会的和声望地位四种，其中前三种形态分别对应 Elizur 提出的认知的、工具的和情感的三种形态[③]。从这些研究来看，存在如下问题：（1）测量项目采用文献析出法，缺乏调查。由于工作价值观是一个比较复杂的系统，仅采用文献析出法可能遗漏一些有意义的价值观项目，缺乏调查则难以反映工作价值观全貌。（2）价值观层面构思缺乏

① Wollack, S., Goodale, J. G., Wijting, J. P., & Smith, P. C. (1971), "Development of the Survey of Work Values", *Journal of Applied Psychology*, 55 (4), 331 – 338. Manhardt, P. J. (1972), "Job Orientation of Male and Female College Graduates in Business", *Personnel Psychology*, 25 (2), 361 – 368.

② Elizur, D. (1984), "Facets of Work Values: A Structural Analysis of Work Outcomes", *Journal of Applied Psychology*, 69 (3), 379 – 389. Elizur, D., Borg, I., Hunt, R., & Beck, I. M. (1991), "The Structure of Work Values: A Cross Cultural Comparison", *Journal of Organizational Behavior*, 12 (1), 21 – 38.

③ Ros, M., Schwartz, S. H., & Surkiss, S. (1999), "Basic Individual Values, Work Values, and the Meaning of Work", *Applied Psychology*, 48 (1), 49 – 71.

理论依据①。以形态层面为例，Elizur 等人（1984、1991）将形态层面元素分为工具性的、情感性的和认知性的三种，但这一分类是经验性的，缺乏必要的理论支撑，例如一些工作结果（如工作成就感）本身就同时具有认知和情感两种价值成分。（3）形态层面的价值观元素界定不清晰。Ros、Schwartz 和Surkiss（1999）提出的声望地位这一元素也发现于国内相关研究中②，但对其他三个和 Elizur 等人提出的相似价值元素的界定则不够清晰。从他们的测量项目来看，认知价值（或内部价值）主要反映与工作本身相关的价值观；而工具性价值（或外部价值）主要反映物质与安全价值观；情感价值（或社会性价值）主要反映工作中的人际氛围价值观，而这类价值观实际上可以纳入工作环境相关价值观这一范畴。工作环境不仅包括工作中的人际氛围，还包括制度、文化等环境因素，国内外许多研究已经表明工作环境相关价值观普遍存在于员工工作价值观系统中③。（4）绩效关联层面及其元素的构念值得商榷。Elizur 等人认为第二层面可用绩效相关层面解释，但从项目的空间区域分布和拟合指标来看，这一层面对于 24 类价值观的分类不是很理想，因此，Elizur 和 Sagie（1999）提出了一个新的层面概念——

①　陈红雷、周帆：《工作价值观结构研究的进展和趋势》，《心理科学进展》2003 年第 11 卷第 6 期，第 700—703 页。

②　凌文轩、方俐洛、白利刚：《我国大学生的职业价值观研究》，《心理学报》1999 年第 31 卷第 3 期，第 342—348 页；王垒、马洪波、姚翔：《当代北京大学生工作价值观结构研究》，《心理与行为研究》2003 年第 1 卷第 1 期，第 23—28 页。

③　Zytowski, D. G. (1970), "The Concept of Work Values", *Vocational Guidance Quarterly*, 18 (3), 176 – 186. Leuty, M. E., & Hansen, J. I. C. (2011), "Evidence of construct validity for work values", *Journal of Vocational Behavior*, 79 (2), 379 – 390. 殷雷：《当代大学生职业价值观调查研究》，《心理科学》2009 年第 32 卷第 6 期，第 1521—1523 页。

聚合层面（focus）替代原先提出的绩效关联层面[①]，但 SSA 拟合结果及项目空间分布依然不能很好地支持这一构念。Lyons 和 Schweitzer（2008）的研究结论也指出，当引入更多的工作价值观项目后，Elizur 等人关于第二层面的构念难以得到数据支持[②]。

虽然 Elizur 对工作价值观第二层面及其元素的构念值得怀疑，但他的系列研究至少清晰地发现了一个事实，即一些特定的工作价值观处于工作价值观系统的中心位置，而从这些价值观内容来看，多反映了一种基本的工作价值取向（如工作报酬、工作表现被认同等），而处于边缘位置的价值观则多反映了一种发展性的工作价值取向（如工作兴趣、个人成长的机会等）。这种价值观分布和 Rokeach（1973）对人类价值观的划分有类似之处。Rokeach 将人类价值观分为两类，一类是终极价值观（terminal values），一类是工具性价值观（instrumental values）。前者与高级的、长期的目标相联系；而后者则与即时性的、生理需要目标相联系，是实现高级目标的手段和方式[③]。由于价值观受需要驱动，根据马斯洛的需要层次理论，存在和基本工作需要对应的基本工作价值观和与高级工作需要对应的发展性工作价值观在理论上是成立的。正如 Zytowski（1970）所指出，价值观领域缺乏对人的基本需要（生存需要）和高级需要的关注。

① Elizur, D., & Sagie, A. (1999), "Facets of Personal Values: A Structural Analysis of Life and Work Values", *Applied Psychology*, 48 (1), 73 – 87.

② Lyons, S. T., & Schweitzer, L. (2008, June), *The Structure of Work Values: A Replication with Two Measures*, Proceedings of the 2008 International Society for the Study of Organizational and Work Values (ISSWOV) Conference, Singapore.

③ Rokeach, M. (1973), *The Nature of Human Values*, New York: Free press.

例如，提高收入和获得丰厚收入就反映了由需要导致的价值分层[①]。国内外一些研究也表明受高级需要驱动的发展性工作价值观的普遍存在。例如，凌文辁、方俐洛和白利刚（1999）研究显示大学生职业价值观存在发展性因素，王垒、马洪波和姚翔（2003）也发现大学生工作价值观中存在个人成长与发展性因子；国外学者 Lyons、Higgins 和 Duxbury（2010）采用最小空间分析也发现了成长性工作价值观的存在[②]。

综上，工作价值观至少包括两个层面。其中第一层面反映了工作价值观的具体形态，至少包括四个元素即与工作本身相关价值、工作环境相关价值、地位与声望相关价值及物质与安全相关价值；第二层面则反映了与员工需要层次相关的价值，有两种水平即基本价值观和发展性价值观。基本价值观和发展性价值观的差别表现为价值取向水平的高低不同，但不一定是逻辑上的连续性关系或时间上的发展关系，因为个体可能同时存在多种不同水平的价值取向，尽管对这些价值的重要性判断会有差异。例如，在与工作本身相关的价值观方面，胜任工作（基本价值）和工作成就（发展价值）同时存在于新进员工价值观系统中，但新进员工对前者的重要性判断可能要强于后者。

二 工作价值观对员工的影响

工作价值观对个体的心理行为具有重要影响。早期许多研

① Zytowski, D. G. (1970), "The Concept of Work Values", *Vocational Guidance Quarterly*, 18 (3), 176-186.

② Lyons, S. T., Higgins, C. A., & Duxbury, L. (2010), "Work Values: Development of a New Three-dimensional Structure Based on Confirmatory Smallest Space Analysis", *Journal of Organizational Behavior*, 31 (7), 969-1002.

究表明，工作价值观和员工的工作满意度、组织承诺、行为决策过程等变量具有显著关联[1]，而且当组织内部成员的价值取向较为一致时，员工更容易产生满意感和组织承诺[2]。Meyer、Irving 和 Allen（1998）考察了工作价值观、工作经验与组织承诺的关系，结果发现工作价值观与工作经验的交互作用对组织承诺具有显著预测效应[3]。Frieze、Olson、Murrell 和 Selvan（2006）发现工作价值观和工作努力程度、薪酬水平、跳槽寻求更好的发展等变量具有显著的相关[4]；Wang、Chen、Hyde 和 Hsieh（2010）的研究表明工作价值观通过薪酬满意度影响员工的离职意向和组织支持感[5]；秦启文、姚景照和李根强（2007）探讨了工作价值观与组织公民行为的关系，结果发现整体工作价值观与整体组织公民行为存在显著性相关，其中，能力发展价值观对组织公民行为中的公司认同、个人主动性、保护公司

---

① Blood, M. R. (1969), "Work Values and job Satisfaction", *Journal of Applied Psychology*, 53 (6), 456 – 459. Kidron, A. (1978), "Work Values and Organizational Commitment", *Academy of Management Journal*, 21 (2), 239 – 247. Ravlin, E. C., & Meglino, B. M. (1987), "Effect of Values on Perception and Decision Making: A Study of Alternative Work Values Measures", *Journal of Applied Psychology*, 72 (4), 666 – 673.

② Meglino, B. M., Ravlin, E. C., & Adkins, C. L. (1989), "A Work Values Approach to Corporate Culture: A Field Test of the Value Congruence Process and its Relationship to Individual Outcomes", *Journal of Applied Psychology*, 74 (3), 424 – 432.

③ Meyer, J. P., Irving, P. G., & Allen, N. J. (1998), "Examination of the Combined Effects of Work Values and Early Work Experiences on Organizational Commitment", *Journal of Organizational Behavior*, 19 (1), 29 – 52.

④ Frieze, I. H., Olson, J. E., Murrell, A. J., & Selvan, M. S. (2006), "Work Values and Their Effect on Work Behavior and Work Outcomes in Female and Male Managers", *Sex Roles*, 54 (1), 83 – 93.

⑤ Wang, C. Y. P., Chen, M. H., Hyde, B., & Hsieh, L. (2010), "Chinese Employees' Work Values and Turnover Intentions in Multinational Companies: The Mediating Effect of Pay Satisfaction", *Social Behavior and Personality: An International Journal*, 38 (7),871 – 894.

资源有显著正向影响；地位价值观对组织公民行为中的公司认同、同事间的利他行为、个人主动性因素有显著正向影响[①]。工作价值观不仅影响着组织内部个体和群体的心理行为，还会对组织目标产生不容忽视的影响，Kraimer（1997）指出，员工的工作价值观和组织价值是否一致、员工对自己工作价值观的信仰程度会共同影响组织价值和目标的实现[②]。学者们的研究表明工作价值观与员工心理行为存在特定关联。但在反生产行为研究领域，对于工作价值观和反生产行为关系的研究还相当缺乏。作为一种消极的甚至具有破坏性的负面工作行为，反生产行为的产生是否和工作价值观存在一定程度的关联？不同工作价值观是否和不同的反生产行为相联系？反生产行为研究领域至今未对上述问题进行系统研究，因此对两者关系的探讨具有重要的理论意义。

第二节　研究假设

在文献回顾的基础上，根据层面理论，建立工作价值观的映射语句。

图 6 - 1 中映射语句包含两个内容层面和一个反应范围层面。其中，价值形态层面包含了四个元素，省略号表示其他可能存在的工作价值观形态元素；发展性层面则包含了两个基本元素，即基本价值观元素和发展性价值观元素。反应范围层面

①　秦启文、姚景照、李根强：《企业员工工作价值观与组织公民行为的关系研究》，《心理科学》2007 年第 30 卷第 4 期，第 958—960 页。

②　Kraimer, M. L. (1997), "Organizational Goals and Values: A Socialization Model", *Human Resource Management Review*, 7 (4), 425 - 447.

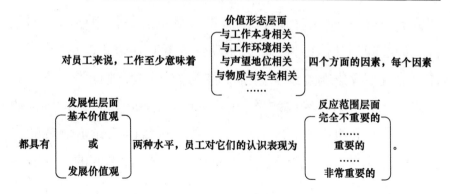

图 6 - 1　工作价值观映射语句

则是员工对工作价值观的重要性判断，在本研究中，将这一范围界定为7点，从"1 = 完全不重要"到"7 = 非常重要"。根据层面理论空间分布假设①，工作价值观形态层面四个元素反映的是质的不同，在空间分布中应呈极化状；而发展性层面反映的是程度的差异，在空间分布中应呈环状分布，由此两个内容层面在空间分布中的交叠呈雷达状分布。

第三节　研究方法

一　研究被试

本研究样本包括三个。第一个样本有效被试281人，用于调查员工的工作价值观。被调查对象来自湖北、福建及江西三个省份的不同企业、事业单位及政府部门。其中企业员工163名（58%），行政事业单位员工118名（42%）。第二个样本有

---

①　Guttman, R., & Greenbaum, C. W. (1998), "Facet Theory: Its Development and Current Status", *European Psychologist*, 3 (1), 13 - 36.

效被试 934 名，用于测量员工的价值观。被试来自北京、上海、武汉、福州、南昌等全国十多个城市不同企业和行政事业单位。其中，企业员工 631 名（67.6%），行政事业单位员工 303 名（33.4%）；男性员工 447 名（47.9%），女性员工 487 名（52.1%）；初级职务或职称员工 283 名（30.3%），中级职务或职称员工 405 名（43.4%），高级职务或职称员工 102 名（10.9%），尚未获得职务或职称员工 144 名（15.4%）；学历为高中及以下员工 89 名（9.5%），中专学历员工 65 名（7.0%），大专学历员工 309 名（33.1%），本科学历员工 434 名（46.5%），研究生学历员工 37 名（4.0%）；工作经验 3 年以下员工 244 名（26.1%），3—5 年员工 143 名（15.3%），5—10 年员工 184 名（19.7%），10—20 年员工 235 名（25.2%），20 年以上员工 128 名（13.7%）。第三个样本有效被试 553 名，被试来自湖北、福建及江西三个省份的不同企业、事业单位及政府部门，用于收集员工工作价值观和反生产行为两个变量数据。其中企业员工 387 名（70.0%），行政事业单位员工 166 名（30.0%）；男性员工 255 名（46.1%），女性员工 298 名（53.9%）；初级职务或职称员工 135 名（24.4%），中级职务或职称员工 212 名（38.3%），高级职务或职称员工 74 名（13.4%），尚未获得职务或职称员工 132 名（23.9%）；工作经验 3 年及以下员工 144 名（26.0%），3—5 年员工 89 名（16.1%），5—10 年员工 111 名（20.1%），10—20 年员工 115 名（20.8%），20 年以上员工 94 名（17.0%）；高中及以下学历员工 48 名（8.7%），中专学历员工 46 名（8.3%），大专学历员工 170 名（30.3%），本科学历员工 258 名（46.7%），研究生学历员工 31 名（5.6%）。

二 研究工具及程序

本研究包括两个研究工具,分别为反生产行为测量工具和工作价值观测量工具。其中,反生产行为测量工具采取本研究前期开发的反生产行为调查问卷,工作价值观的测量项目主要参考国外相关量表并结合对国内员工的问卷获得。其中,国外相关量表分别来自 Zytowski（2004）修订的 36 个项目的 SWVI[①]、明尼苏达职业心理研究中心开发的 MIQ 问卷 1975 年版（191—210道题）、Manhardt（1972）25 个项目的 MWVI[②] 和 Elizur 等人（1991）的 24 个项目的问卷[③]。问卷调查采用 300 份半开放式问卷,收集了 281 份（93.67%）数据。问卷调查主要了解员工对工作价值观的看法,包括三个问题:（1）就目前的工作而言,您最看重什么?（2）就目前的工作而言,您最期望这份工作带给您什么?（3）假如现在您获得一次重新选择工作的机会,您会选择具有什么特点的工作?要求每个被试对上述三个问题分别写出 3—5 种答案。281 份问卷共计应答 3653 频次,初步内容分析获得 56 个项目。对上述文献析出项目和访谈获得项目进行内容分析,采取三个步骤:（1）同时出现在国外文献和国内员工调查结果中的价值观项目进入项目池,因为此类价值观具有跨文化一致性。（2）按第一步筛选后,剩余项目中,

---

① Zytowski, D.（2004）, "Super's Work Values Inventory-Revised User Manual", Adel, IA: National Career Assessment Services.

② Manhardt, P. J.（1972）, "Job Orientation of Male and Female College Graduates in Business", *Personnel Psychology*, 25（2）, 361–368.

③ Elizur, D., Borg, I., Hunt, R., & Beck, I. M.（1991）, "The Structure of Work Values: A Cross Cultural Comparison", *Journal of Organizational Behavior*, 12（1）, 21–38.

将调查结果报告人数较多的价值观项目纳入项目池，因为此类价值观反映了国内员工的独特工作价值观。（3）对前两步中获得的项目进行语义表达审查，对一些项目做适当修改，增加其通俗性和直观性，最终获得34个不重复的工作价值观项目。题总相关分析表明34个项目题总相关均达到显著水平，因此全部予以保留。分值范围从"1 = 完全不重要"到"7 = 非常重要"，样题为"建立并拓展自己的人脉"。

三　数据处理

采用 SPSS 20.0 和 NewMDSX 5.1.9 作为数据统计分析工具。

第四节　研究结果

一　总样本的工作价值观结构

通过 SPSS 软件获得34个项目的相似度矩阵，并采用 NewMDSX 软件的 MNISSA-N 模块对这34个项目的相似度矩阵进行分析，设定两个层面。SSA 结果显示34个项目的双层面拟合结果较理想，异化系数为0.162。进一步对图形化输出结果进行考察，发现34个项目呈现清晰的雷达状空间区域分布（见图6-2）。

其中，工作价值观形态层面呈五个极化区域，而不是假设提出的四个极化区域，发展层面则基本和研究假设吻合，表现为清晰的同心圆结构。在形态层面的五个极化区域中，四个区域基本和本研究假设一致，多出的一个区域由五个项目构成。这五个项目分别为"工作压力适度""工作时间不会太长（如不用额外加班）""有较多的假期和休息时间""上班方便（离

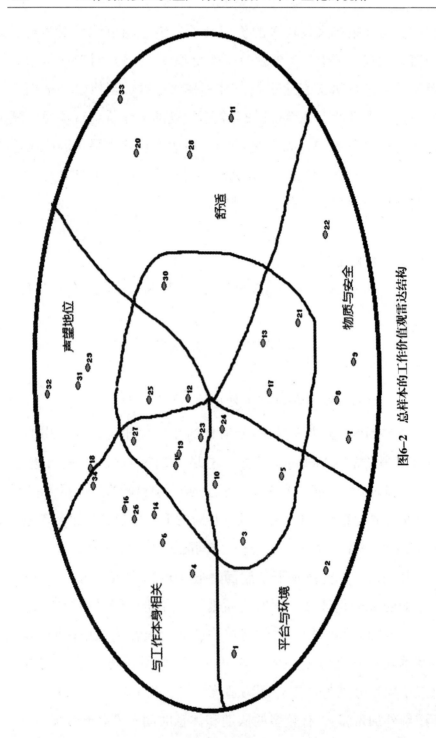

图6-2　总样本的工作价值观雷达结构

家近、交通方便等）"及"轻松的工作"。从五个项目的内容来
看，主要反映工作的舒适度问题，因此将其命名为"舒适因
子"。在形态层面中，每种工作价值观元素内都有一些项目靠近
空间区域中心处，对这些项目的内容分析可以发现，这些项目
都反映了员工对这些价值形态的基本定向。例如，物质与安全
元素中，第13道题（工作稳定有保障）和第17道题（合理的
工资增长机制）属于员工对安全保障的基本价值定向；又如，
与工作本身相关的元素中，第23题"能够胜任本职工作"、第
15题"工作表现受到认可"都属于基本价值定向。本研究假设
的发展性价值元素的空间区域分布也得到了验证。例如，在声
望地位元素中，第29题"提高自己的社会地位"、第31题"在
工作领域的影响力"、第32题"在工作单位的影响力"及第18
题"建立并拓展一定的人脉"都属于发展性工作价值观，这与
该区域的基本价值观第12题"工作中受人尊重"和第25题
"一份自己可以接受的职业"明显表现出价值取向水平的不同。

二　企业和行政事业单位的工作价值观结构

分别单独对企业数据和行政事业单位的工作价值观结构进
行 SSA 分析，结果发现两个样本数据拟合结果都清晰地显示了
工作价值观的双层结构（见图6-3和图6-4），异化系数均为
0.172。但是，在两个样本中，都发现存在个别项目偏离某个价
值观形态的现象。

在企业数据中，第18题"建立并拓展自己的人脉"这一项
目落在"与工作本身相关因子"这一价值形态中，偏离了"声
望地位"这一价值形态区域；而在行政事业单位数据中，第10

题"领导对自己的赏识和信任"偏离了"平台与环境"这一价
值形态区域，也落在"与工作本身相关"的因子这一区域。虽
然两样本数据有个别项目偏差，但总体结构依然显示为清晰的
双层面结构，表明工作价值观的双层结构具有跨组织的稳定性。

三　工作价值观的人口统计学差异

分别以价值形态层面五类价值观和价值水平层面两类价值观
作为自变量，考察人口统计学特质对工作价值观的影响。T 检验
结果表明，在七类工作价值观中，舒适因子这一价值形态表现出
显著的性别差异，女性员工更看重工作的舒适度，而其他六类价
值观因子在性别上无显著差异。多变量方差分析显示，职务或职
称和收入水平对七类工作价值观均无显著影响，但工作经验和教
育程度对某些特定类型工作价值观有显著影响（见表 6 - 1）。

表 6 - 1　　　　工作价值观的人口统计学差异分析结果

相关因素	性别	工作经验	教育程度
	t 值	F 值	F 值
1. 工作本身	-1.380	1.355	1.019
2. 物质安全	-1.843	6.926**	1.278
3. 舒适	-2.227*	2.263	1.603
4. 平台环境	-1.037	1.906	2.465*
5. 声望地位	-0.136	1.001	2.177
6. 基本价值观	-1.846	2.373	1.095
7. 发展价值观	-1.182	1.647	2.740*

注：* * 表示 $p < 0.01$，* 表示 $p < 0.05$。

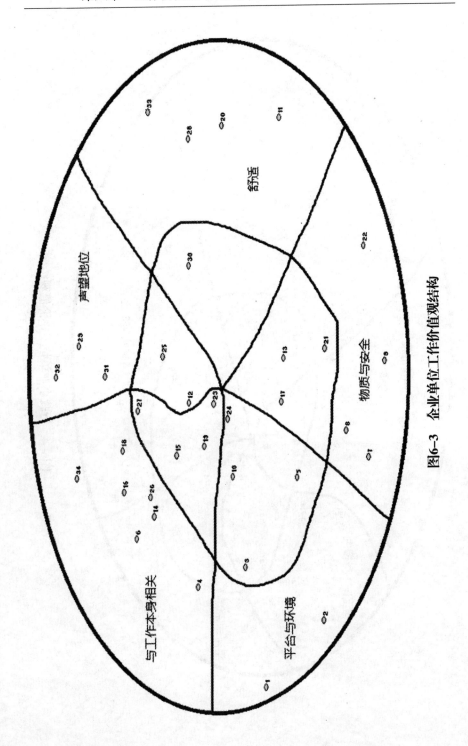

图6-3　企业单位工作价值观结构

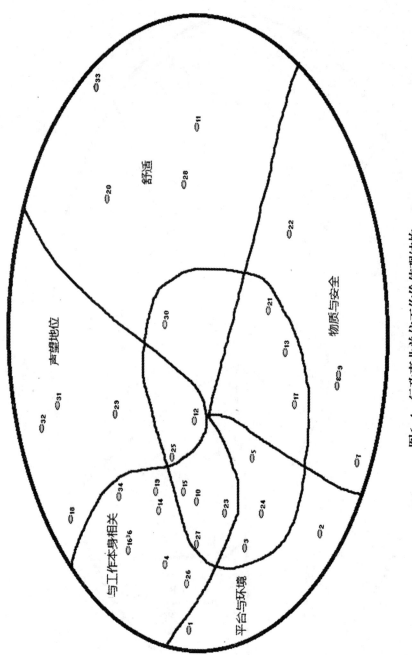

图6-4　行政事业单位工作价值观结构

四　工作价值观与反生产行为的描述性统计及相关分析

根据工作价值观双层结构，将工作价值观分为 $5 \times 2 = 10$ 个结构侧面，得到十类工作价值观，并对这十类工作价值观和四类反生产行为的均值、标准差及相关关系进行分析（见表6-2）。

表6—2　工作价值观与反生产行为的描述性统计及相关分析结果

	M	SD	1	2	3	4	5	6	7	8	9	10	11	12	13
1	4.98	1.10													
2	5.41	0.98	0.533**												
3	5.57	0.88	0.514**	0.664**											
4	5.42	0.89	0.497**	0.738**	0.727**										
5	5.44	0.90	0.559**	0.839**	0.742**	0.814**									
6	4.64	1.02	0.582**	0.482**	0.528**	0.443**	0.482**								
7	4.82	1.10	0.608**	0.592**	0.510**	0.564**	0.652**	0.496**							
8	5.63	0.88	0.534**	0.631**	0.780**	0.758**	0.721**	0.478**	0.491**						
9	5.40	1.15	0.311**	0.499**	0.528**	0.676**	0.574**	0.170**	0.378**	0.533**					
10	5.45	0.88	0.515**	0.750**	0.679**	0.798**	0.862**	0.366**	0.645**	0.674**	0.658**				
11	1.27	0.49	-0.07	-0.181**	-0.224**	-0.201**	-0.214**	-0.06	-0.06	-0.218**	-0.223**	-0.217**			
12	1.15	0.45	-0.06	-0.166**	-0.192**	-0.185**	-0.182**	-0.01	-0.04	-0.181**	-0.202**	-0.207**	0.866**		
13	1.42	0.57	-0.093*	-0.167**	-0.174**	-0.192**	-0.209**	-0.110**	-0.096*	-0.169**	-0.157**	-0.106*	0.588**	0.600**	
14	1.75	0.73	-0.104*	-0.132**	-0.167**	-0.179**	-0.203**	-0.097*	-0.123**	-0.157**	-0.106*	-0.209**	0.808**	0.828**	0.748**

注：表中标号1—10变量分别对应十类工作价值观。其中，1 为与舒适相关的基本价值观，2 为声望地位相关基本价值观，3 为物质安全相关基本价值观，4 为平台环境相关基本价值观，5 为与工作本身相关基本价值观，6 为与舒适相关的发展价值观，7 为声望地位相关发展价值观，8 为物质安全相关发展价值观，9 为平台环境相关发展价值观，10 为与工作本身相关发展价值观，11 为人际指向反生产行为，12 为财务信息指向反生产行为，13 为一般违规性反生产行为，14 为任务指向反生产行为。

五　工作价值观对员工反生产行为影响的回归分析

以样本三数据为基础，对工作价值观对员工反生产行为的影响进行分析。t 检验和方差分析结果表明性别、年龄及工作经验对反生产行为具有显著影响，需在回归分析中加以控制。在控制了性别、年龄和职务或职称等混淆变量后，以十类工作价值观作为自变量，分别以四类反生产行为作为因变量，探讨员工工作价值观对反生产行为的影响。分析采用分层回归,共计三层变量,其中第一层为控制变量,包括性别、年龄及工作经验三个变量,第二层和第三层为自变量。第二层变量包括五类基本价值观,分别为舒适相关的基本价值观、声望地位基本价值观、物质安全基本价值观、平台环境基本价值观及工作本身基本价值观。第三层变量则包括五类发展价值观,分别为舒适相关的发展价值观、声望地位发展价值观、物质安全发展价值观、平台环境发展价值观及工作本身发展价值观(见表6-3)。

表6-3　　　工作价值观对任务指向反生产行为的影响

	第一步	第二步	第三步
	β	β	β
控制变量（enter）			
性别	-0.09*	-0.08	-0.09*
年龄	-0.60	-0.06	-0.07
工作经验	-0.04	-0.03	-0.04
基本工作价值观（enter）			
与舒适地位相关基本价值观		0.01	0.02
与声望地位相关基本价值观		0.15	0.15
与物质安全相关基本价值观		-0.03	-0.02
与平台环境相关基本价值观		-0.04	0.02
与工作本身相关基本价值观		-0.27**	-0.16
发展性工作价值观（enter）			

续表

	第一步	第二步	第三步
	β	β	β
与舒适地位相关发展价值观			-0.03
与声望地位相关发展价值观			0.03
与物质安全相关发展价值观			0.03
与平台环境相关发展价值观			0.07
与工作本身相关发展价值观			-0.19*
ΔF	2.69	5.23	4.64
ΔR^2	0.01*	0.05**	0.01*

注：**表示 $p < 0.01$；*表示 $p < 0.05$。

回归结果表明，对于任务指向反生产行为，员工与工作本身相关的发展价值观具有显著负向预测效力，表明员工越看重与工作本身相关的发展价值，就越少发生指向任务的反生产行为，而其他九类工作价值观则无显著预测效力。在控制变量中，性别对员工任务指向反生产行为具有显著负向预测效力，表现为女性比男性员工更少发生任务指向反生产行为。

表 6 - 4　　工作价值观对人际指向反生产行为的影响

	第一步	第二步	第三步
	β	β	β
控制变量（enter）			
性别	-0.11*	-0.10*	-0.10*
年龄	-0.16	-0.14	-0.14

	第一步	第二步	第三步
	β	β	β
工作经验	0.03	0.03	0.02
基本工作价值观（enter）			
与舒适地位相关基本价值观		0.09	0.05
与声望地位相关基本价值观		0.01	−0.01
与物质安全相关基本价值观		−0.14*	−0.10
与平台环境相关基本价值观		−0.03	0.11
与工作本身相关基本价值观		−0.15	−0.10
发展性工作价值观（enter）			
与舒适地位相关发展价值观			0.02
与声望地位相关发展价值观			0.13*
与物质安全相关发展价值观			−0.07
与平台环境相关发展价值观			−0.12*
与工作本身相关发展价值观			−0.14
ΔF	4.70	6.54	2.97
ΔR^2	0.03**	0.06**	0.03*

注：**表示 $p < 0.01$；*表示 $p < 0.05$。

对人际指向反生产行为的回归分析结果发现，在十类工作价值观中，有两类价值观分别对员工人际指向反生产行为产生显著影响。其中，与声望地位相关的发展价值观对员工人际指向反生产行为具有显著的正向预测效力，提示员工越看重与声望地位相关的发展价值，就越有可能发生人际指向反生产行为；与平台环境相关的发展价值观对人际指向反生产行为则有负向预测效力，提示员工越看重与平台环境相关的发展价值观，就越少发生人际指向反生产行为，而其他八类工作价值观预测效力不明显。此外，控制变量中，性别对人际指向反生产行为具有显著负向影响，女性员工更少发生人际指向反生产行为（见表6－4）。

表6－5　　工作价值观对财物信息指向反生产行为的影响

| | 第一步 | 第二步 | 第三步 |
	β	β	β
控制变量（enter）			
性别	−0.10*	−0.09*	−0.09*
年龄	−0.07	−0.05*	−0.06
工作经验	0.02	0.02	−0.001
基本工作价值观（enter）			
与舒适地位相关基本价值观		0.08	0.01
与声望地位相关基本价值观		−0.02	−0.04
与物质安全相关基本价值观		−0.12	−0.12
与平台环境相关基本价值观		−0.07	0.04
与工作本身相关基本价值观		−0.06	0.01
发展性工作价值观（enter）			
与舒适地位相关发展价值观			0.08
与声望地位相关发展价值观			0.14*
与物质安全相关发展价值观			−0.03
与平台环境相关发展价值观			−0.08
与工作本身相关发展价值观			−0.18
ΔF	2.06	4.99	3.52
ΔR^2	0.01	0.04**	0.03**

注：＊＊表示 $p < 0.01$；＊表示 $p < 0.05$。

对财物信息指向反生产行为的回归分析发现，与声望地位相关的发展价值观对员工财物信息指向的反生产行为具有显著正向影响，提示员工越看重与声望地位相关的发展价值，就越有可能发生财物信息指向的反生产行为，而其他九类工作价值观对财物信息指向反生产行为无显著影响。在控制变量中，仅性别对员工财物信息指向反生产行为具有显著负向影响，女性员工比男性员工更少发生财物信息指向反生产行为（见表6-5）。

表6-6　　　工作价值观对一般违规反生产行为的影响

	第一步	第二步	第三步
	β	β	β
控制变量（enter）			
性别	-0.13**	-0.11**	-0.11**
年龄	-0.09	-0.09	-0.09
工作经验	0.07	0.07	0.05
基本工作价值观（enter）			
与舒适地位相关基本价值观		0.04	0.04
与声望地位相关基本价值观		0.05	0.06
与物质安全相关基本价值观		-0.04	-0.02
与平台环境相关基本价值观		-0.06	-0.01
与工作本身相关基本价值观		-0.17*	-0.08
发展性工作价值观（enter）			
与舒适地位相关发展价值观			-0.05
与声望地位相关发展价值观			0.09
与物质安全相关发展价值观			0.01
与平台环境相关发展价值观			0.02
与工作本身相关发展价值观			-0.25**
ΔF	3.20	5.08	1.55
ΔR^2	0.02*	0.04**	0.01

注：**表示 $p < 0.01$；*表示 $p < 0.05$。

对一般违规反生产行为的分层回归分析发现，与工作本身相关的发展性价值观对员工一般性违规有显著的负向影响，提示员工越看重与工作本身相关的发展性价值，就越少发生一般性违规反生产行为，其他九类工作价值观则无显著影响。控制变量中，仅性别对员工一般性违规反生产行为具有显著的负向影响，表明女性员工更少发生一般性违规反生产行为（见表6－6）。

第五节　讨论

一　工作价值观双层结构的构想效度及稳定性

研究结果表明，本章提出的工作价值观双层结构具有较好的理论构想效度，而且具有跨组织的稳定性。虽然个别项目在不同组织中有些许偏差，但总体工作价值观结构依然表现为清晰的双层结构。从 SSA 输出的空间分布图来看，工作价值观的形态层面在空间分布中呈现五个极化区域，其中四个区域和形态层面四元素假设一致，而新发现的第五个区域则与工作的轻松舒适方面有关，可命名为舒适元素。此外，关于工作价值观第二层面（发展性层面）的假设也得到了较好的支持，不管是总样本数据，还是企业、行政事业单位数据，都清晰地表明 34 个工作价值观项目在空间分布中呈现环状结构，而且考察这些项目内容可以发现处于中心的环状区域主要反映了员工的基本价值取向，处于外周环状区域的项目则与发展性工作价值观有关。这一研究结果充分表明本章提出的工作价值观的发展性层面是合理的。

二　个别项目偏差的原因

企业数据中，"建立并拓展自己的人脉"更靠近"与工作本身相关"这一区域，这可能与企业员工将人脉资源视为与工作本身相关的发展性价值观有关；而行政事业单位数据中，这一项目落在声望地位区域，表明行政事业单位员工将人脉资源视为身份地位的象征。同时，从空间分布可以看出，该项目还处于发展性工作价值观区域，这表明企业员工将发展人脉资源视为和工作发展前景、晋升机会有等同的价值，这与行政事业单位数据一致。在行政事业单位数据中，"领导对自己的赏识与信任"则落在了与工作本身相关的价值区域，这与总体样本数据、企业数据中该项目所处的区域不一致，在后两者数据中，该项目落在平台与环境价值区域。从项目内容来看，该项目与平台环境区域具有较大关联，之所以在行政事业单位中落在与工作本身相关区域，有可能是测量误差导致。

三　工作价值观的人口统计学差异

性别、工作经验及教育程度对某些特定工作价值观具有一定影响。女性员工更重视工作的舒适度，这可能和女性员工的心理生理特点有关，但在其他六类价值观上男、女员工无显著差异。值得一提的是，男、女员工对声望地位的重要性判断也无显著差异，这表明当前职业女性具有一定的女权意识，也渴望得到和男性员工一样的社会地位。工作经验对员工价值观的影响主要表现在与物质安全相关价值观上，随着工作经验的增加，员工更看重物质与安全方面的价值；反过来也就意味着，年轻员工对物质与安全的重视程度相对更轻，这一结果对于组织人力资源管理策略具有一定启发作用，例如，在物质与安全之外，考虑其他方面的价值观满足（如提供一个良好的平台），以增加年轻员工的满意度减少其离职率。教育程度对员工工作价值观的影响主要表现在与平台环境相关价值和发展性价值观两个方面，随着教育程度的提高，员工更加看重工作平台与环境质量，也更加渴望工作能够满足自己的发展性需要。这一结果对于组织人才引进及管理策略具有一定启发，例如，从创设良好工作平台入手，同时考虑高学历人才的发展性需要，以提高此类人才的满意度和组织承诺。

四　工作价值观同员工反生产行为的关系

分层回归结果发现，工作价值观对四类反生产行为都有一定的预测效力。在十类工作价值观中，任务指向反生产行为、一般性违规反生产行为主要受员工与工作本身相关的发展性价值观影响，员工越看重与工作本身相关的发展性价值，就越少表现出任务指向反生产行为，也越少发生一般性违规反生产行为。与工作本身相关的发展性价值如个人成长、实现自我价值、工作成就感、提升自我的能力实际上反映了个体的一种成长或发展性需要，Hackman、Oldham、Janson 和 Purdy（1975）指出，员工个人成长需要的强度（Growth needs strength，GNS）对于工作特质和员工心理行为之间的关系具有调节作用，表现出较高水平个人成长需要的员工，其工作行为更多地受到内部动机驱动（如对成就的渴望、对学到新知识和新技能的渴望等），对工作具有较高的满意度，因此也会有较好的工作绩效表现[①]，许多实证研究也支持了这一观点[②]，De Jong、Van Der Velde 和 Jansen（2001）的研究对 GNS 和大五人格中的关系进行了考察，发现 GNS 和宜人性、外向性及开放性人格具有显著关联，其中，开放性人格和 GNS 的相关最强（$\gamma = 0.56$，$p < 0.01$），而且开放性和 GNS 对工作特质（技能多样性）和工作满意度的调节效应基本一致[③]，这一研究提示 GNS 和开放性是一种非常相似的人格结构。根据这点推测，如果 GNS 对员工任务指向行为和一般违规行为有显著影响，那么开放性也可能有类似的效果。然而，近十年来反生产行为领域一些对大五人格和反生产行为关系的实证研究并未得出一致结论，一些研究表明开放性和反生产行为的关联并不密切[④]，而另外一些研究则表明开放性和一些特定指向（如任务指向、人际指向或生产越轨）反生产行为密

① Hackman, J. R., Oldham, G., Janson, R. & Purdy, K. (1975), "A New Strategy for Job Enrichment", *California Management Review*, 17 (4), 57–71.

② Oldham, G. R., Hackman, J. R., & Pearce, J. L. (1976), "Conditions under which Employees Respond Positively to Enriched Work", *Journal of Applied Psychology*, 61 (4), 395. Loher, B. T., Noe, R. A., Moeller, N. L., & Fitzgerald, M. P. (1985), "A Meta-analysis of the Relation of Job Characteristics to Job Satisfaction", *Journal of Applied Psychology*, 70 (2), 280–289. Spector, P. E. (1985), "Higher-order Need Strength as a Moderator of the Job Scope-employee Outcome Relationship: A Meta-analysis", *Journal of Occupational Psychology*, 58 (2), 119–127.

③ De Jong, R. D., Van Der Velde, M. E. G., & Jansen, P. G. W. (2001), "Openness to Experience and Growth Need Strength as Moderators between Job Characteristics and Satisfaction", *International Journal of Selection and Assessment*, 9 (4), 350–356.

④ Flaherty, S., & Moss, S. (2007), "The Impact of Personality and Team Context on the Relationship between Workplace Injustice and Counterproductive Work Behavior", *Journal of Applied Social Psychology*, 37 (11), 2549.

切关联①。本书认为，这种不一致背后可能有三个原因：（1）一些研究存在采用的反生产行为测量标准不一致问题。例如，Flaherty 等人的研究仅将反生产行为总分作为因变量，而 Bolton 等人采用同样的反生产行为测量工具，两者的差异在于后者采用反生产行为的五个子维度作为因变量。采用反生产行为总分探讨人格和反生产行为的关系可能存在效应掩盖问题，即不显著的效应掩盖了本来显著的效应，而从反生产行为不同纬度探讨它们与人格的关系则能更全面地发现不同人格特质与反生产行为间的关系；（2）开放性人格同与任务相关的反生产行为关联最密切，而同其他类型反生产行为关联则较弱。已有研究发现开放性和员工反生产行为的关联实际上都表现为开放性和与任务相关（如任务指向、生产越轨等）的反生产行为的相关，其他诸如人际指向或组织指向行为并未得到统一验证；（3）在开放性人格和反生产行为之间还可能存在中介变量或者调解变量如满意度、归因过程等，这些变量的存在对于开放性和反生产行为之间的关系可能具有干扰作用。因此，在抛开测量校标选取问题后，开放性人格和与员工任务相关反生产行为应该具有一定的关联，由于 GNS 和开放性是类似的心理结构，因此，GNS 对任务指向反生产行为具有显著预测效力在理论推导上是成立的，这也表明本研究发现的与工作本身相关的发展价值观对任务指向反生产行为的负向影响是可信的，同时这一结论也

① Mount, M., Ilies, R., & Johnson, E. (2006), "Relationship of Personality traits and Counterproductive Work Behaviors: The Mediating Effects of Job Satisfaction", *Personnel Psychology*, 59 (3), 591–622. Bolton, L. M. R., Becker, L. K., & Barber, L. K. (2010), "Big Five Trait Predictors of Differential Counterproductive Work Behavior dimensions", *Personality and Individual Differences*, 49 (5), 537–541.

对反生产行为研究领域关于人格和反生产行为的关系研究具有补充和完善作用，亦即在尽责性和神经质性两种人格特质之外，开放性对与任务相关反生产行为也具有一定预测效力。

本研究另外一个重要发现是与声望地位相关的发展性价值观对员工人际指向和财物信息指向反生产行为具有正向预测效力，这一发现在反生产行为研究的已有文献中尚未有相关报道，由于反生产行为研究领域关于员工价值观和反生产行为关系研究在数量上非常稀少，国内对这一领域的研究也是一片空白，因此这一结论还需要进一步验证。本书认为，在与声望地位相关价值观中，对声望地位的基本价值追求反映的是与个体自尊满足有关的社会性需要，这种社会性需要的根源在于人们渴望获得社会认可，渴望获得他人尊重，这是由人的社会性所决定的，是一种无可厚非的、普遍存在的价值追求；与声望地位的基本价值追求相比，与声望地位相关的发展性价值观如提高社会地位、提高自己的影响力等因素虽然也包括满足自尊的成分，但更多地反映了人们更高层次的社会性需要，这种需要，在我国文化背景下，其典型表现是权力的需要，因为中国是一个高权力距离的国家①。因此，与声望地位相关的发展性价值观体现的对社会地位和影响力的追求在某种程度上反映的是对权力的追求。拥有较高社会地位和影响力的人往往有更多的支配他人的权力、占有更多的社会资源，因此成为一些权力追求者（看重与声望地位相关发展性价值观的人）的羡慕对象。廖建桥、赵君和张永军（2010）也指出：中国社会制度上的等级差距使

---

① Hofstede, G. (1980), *Cultrue's Consequences: International Differences in Work-related Values*, London: Sage.

得享有特权被视为一种荣耀，对权力和财富的炫耀被看作成功的标志①，这种崇尚权力具有浓厚"官本位"思想的社会氛围，同样对组织文化氛围有不容忽视的影响。本研究的发现表明，越看重与声望地位相关发展性价值的员工就越有可能实施和财物信息有关的反生产行为，这在一定程度上表明，权力追求取向较强的员工同样也看重财物、金钱，比权力追求取向较低的员工更容易发生与财物、金钱有关的违规行为。这一发现对于理解组织中财物信息指向反生产行为的发生前因具有重要的参考价值。

　　人际指向反生产行为除了受到与员工声望地位相关的发展性价值观的影响，还受到与平台环境相关的发展性价值观的负向影响。与平台环境相关的发展性价值观体现的是员工对平台环境是否有利于自己未来晋升与发展的期望，如工作有发展前景、组织有合理的职务或职称晋升机制等，之所以越看重与平台环境相关的发展性价值的员工，越少发生人际指向的反生产行为，是因为这一价值取向体现的是员工对平台与环境的期望，即工作平台与环境应该是有利于个人的发展和晋升的，而不应该是阻碍的。由于人际指向反生产行为间接体现了工作中的负面人际环境，看重与平台环境相关发展价值的员工对此会产生拒斥心理，因而更少发生人际指向的反生产行为。另外一个可能原因是对晋升和发展具有较高期望的员工更注意自己在组织中人际互动的言行，一些可能影响自己在组织中形象的不良人际互动行为（人际指向反生产行为）会成为自己未来晋升与发展的绊脚石，因此员工对此类行为更加警觉，也更少实施此类行为。

----

　　① 廖建桥、赵君、张永军：《权力距离对中国领导行为的影响研究》，《管理学报》2010年第7卷第7期，第988—992页。

第 七 章

研究结论与展望

第一节 研究结论

本书立足于本土化的视角，探讨了我国员工反生产行为的表现和结构，并对组织公正、工作态度、公正敏感性及工作价值观对反生产行为的影响机制进行了深入系统的考察，研究结果发现：

（1）我国员工的反生产行为表现为四种类型，分别为人际指向反生产行为、财物信息指向反生产行为、一般性违规反生产行为及任务指向反生产行为。不同样本数据的均值分析结果表明在这四类反生产行为中，任务指向反生产行为均具有最高的发生频次。

（2）组织公正感对员工反生产行为具有直接显著的负向影响，工作态度对两者关系有显著的链式中介效应。分配公正、程序公正和领导公正均通过工作态度的链式中介间接影响员工反生产行为，其中，工作态度对分配公正和反生产行为关系的中介效应要显著强于对程序公正、领导公正和反生产行为关系的中介效应。领导公正对反生产行为既有直接效应也有间接效应，其对反生产行为总效应高于分配公正、程序公正的总效应。信息公正对反生产行为的效应则受到其他三类组织公正维度的影响。

（3）公正敏感性同员工反生产行为具有显著关联，表现为自我保护敏感性对员工三类（人际指向、组织指向及一般性违规）反生产行为具有负向预测效力，而受害者敏感性对四类员工反生产行为均具有正向预测效力，但观察者敏感性对员工反生产行为无显著影响。公正敏感性同反生产行为的关系还受到性别、工作经验两个人口统计学变量的调节。其中性别的调节作用表现为随着自我保护敏感性的提高，男性员工在三类反生产行为上的发生频次呈显著下降趋势；而女性随着自我敏感性的提高，仅在财物信息指向反生产行为上表现出下降趋势，且男性的下降幅度要大于女性员工。工作经验的调节作用表现为：随着自我保护敏感性的提高，工龄少的员工发生在财物信息指向反生产行为上的发生频次随之降低，降低幅度较显著，但工龄多的员工虽然也表现出下降趋势，但这一趋势不显著。

（4）工作价值观对员工四类反生产行为均有不同程度的影响，表现为与工作本身相关的发展性价值观对员工任务指向反生产行为、一般性违规反生产行为具有显著负向预测效力，而发展性价值观对员工人际指向和财物信息指向反生产行为具有显著的正向预测效力，同时与平台环境相关的发展性价值观对员工人际指向反生产行为具有负向预测效力。

第二节　对组织管理实践的启示和参考价值

长久以来，组织管理者的注意重心都放在提升员工的绩效行为表现上，对员工的周边绩效行为缺乏足够的关注，本书的发现表明，在组织管理实践中仅考虑到员工绩效行为是片面的，因为在组织中还存在各种类型的反生产行为，这些行为表现为财物信息指向的、任务指向的、人际指向的和一般违规四种类型，其中任务指向反生产行为还具有较高的发生频次。这一发现提示，在组织管理实践中也应该将反生产行为纳入日常管理范畴。

四类反生产行为具有不同性质的危害和破坏性。从行为对象来看，财务信息指向反生产行为的对象包括组织及组织成员的财物、重要信息及文件等，这不仅会造成组织及其成员的经济损失（如破坏、偷窃单位或同事财物），同时也会造成重要信息的扭曲、破坏及滥用（如欺骗性地对组织提供虚假的统计报表、破坏单位文件或记录及欺骗性地使用本单位文件以谋取私利）等。反生产行为领域对此类行为的影响因素研究多从组织公正角度进行探讨，认为组织中的分配不公等因素对反生产行为有显著影响，忽略了个体的价值观因素在其中可能具有的作用。而且一些广泛使用的人格测评（如大五人格）也不能为理解此类行为提供有力的解释。本书从价值观和公正敏感性人格这两个角度出发，得到的研究结论对理解这一行为具有一定参考价值。研究表明，对权力较看重的员工往往更容易发生财物信息指向的反生产行为，对于受害者敏感性较高的员工来说，其发生财务信息指向反生产行为的可能性也较高。这两个发现对于组织管理实践和人事甄选具有一定的帮助。例如，对于那些有着高水平权力意识的员工，应尽量减少他们对财物、金钱的直接控制权，以防止此类行为的产生，对于受害者敏感性高的员工，也不适宜将他们安排到一些与财物、金钱具有直接联系的工作岗位。

　　任务指向反生产行为的对象主要是工作任务，此外还包括一些非任务行为，此类行为虽然和工作任务无关，但由于是在工作任务执行期间发生，对员工工作任务的执行具有负面影响，因此也是和工作任务息息相关的行为，本研究也发现此类工作期间非任务行为也和与任务相关反生产行为属于同种类型行为。任务指向行为最基本的特点是降低员工的任务绩效，甚至对员工任务绩效产生阻碍和破坏性效果，尤其是在团队合作时，个别员工的任务指向反生产行为还会影响整个团队的任务绩效。同时，此类行为还具有发生频次高、跨组织情境的特点，而且其中一些行为还具有隐蔽性特点（如装忙没有认真做事、上网等），因此常常被管理者忽略。一些员工也对此类行为抱有"为什么调查这些，大家都这样做"的疑问，表明有相当一部分员工对此类行为已经习以为常，不以为意。在前期调研中，本研究还对任务指向反生产行为的动机进行了相关调查，发现此类行为的动机基本和工作任务的性质、安排有关，例如，有些员工提出"工作很无聊，看下电影打发下时间"或"事情做完了，不知道怎么打发时间，因此玩下电脑"，还有的员工回答"压力太大了，找个空闲时间上网放松一下"等，这些行为动机表明，任务指向反生产行为的发生可能与工作本身有关，如工作枯燥、单调，工作清闲，或者工作节奏快、压力大等，因此，这些结果提示组织管理者应该对工作任务安排进行重新设计，松弛有度，使员工不至于因太空闲而觉得没有事可做，也不至于因太紧张而导致通过反生产行为来疏导压力。在工作安排方面，本研究关于工作价值观与反生产行为关系的结论具有启发作用，即对于任务指向反生产行为，与工作本身相关的发展性价值观具有负向预测效力。正如前文指出，与工作本身相关的发展性价值观来源于个体的成长需要，这种成长需要是否得到满足，对员工的心理行为具有显著影响，因此，在工作任务安排方面，要充分考虑到员工的这种成长性需要。根据 Hackman 等人（1975）提出的工作特征模型，能够满足员工这种成长性需要的工作任务应该具有五个方面的核心特征：具有挑战性、能够让员工产生认同感、工作结果（对他人或社会而言）具有意义、能够让员工享有一定自主权、能够给员工及时提供工作反馈[①]。组织管理者可以借鉴工作特征模型，在工作设计上进行规划，从源头上避免员工发生任务指向反生产行为的可能性。

人际指向反生产行为的对象包括同事和上级，对领导或主管而言，也可能发生针对下属的人际指向反生产行为，如威胁、恐吓、侮辱等。人际指向反生产行为具有极大的危害性和破坏性，因为此类行为直接破坏组织中的人际环境，不仅导致受害者产生不同程度的身心健康问题，还对团队任务绩效产生影响，尤其是在一个具有高度的任务相互依赖性（task interdependence）的工作团队中，人际指向反生产行为会明显破坏团队内部的合作，影响团队任务目标的实现[②]。在本研究发现的人际指向反生产行为中，有一些行为具有"冷暴力"性质，如孤立或

---

① Hackman, J. R., Oldham, G., Janson, R. & Purdy, K. (1975), "A New Strategy for Job Enrichment", *California Management Review*, 17 (4), 57 – 71.

② Aubé, C., Rousseau, V., Mama, C., & Morin, E. (2009), "Counterproductive Behaviors and Psychological Well-being: The Moderating Effect of Task Interdependence", *Journal of Business and Psychology*, 24 (3), 351 – 361.

忽视同事、对同事耍弄阴谋诡计、挑拨离间、把自己的错误推到同事头上等，这些行为虽然在剧烈程度上较言语攻击和人身攻击轻，但对同事的危害程度同样不容忽视，有些行为甚至会造成员工的长期伤害，这值得引起组织管理者的警惕。这种行为在我国文化背景下发生频次可能比其他行为要高，因为我国组织多属于一种家长型组织，组织内的层级较明显，员工很少会公开地表现出针对上级的反生产行为，而且组织中的集体主义氛围较浓厚，员工也很少会公开地表现出针对同事的行为，因此一些对上级的不满与愤怒可能通过冷暴力的性质表现出来。对于人际指向反生产行为的影响因素，本研究的发现表明：对权力有较高需求的员工更有可能发生人际指向反生产行为，而对平台环境抱有较高期望的员工则更少发生此类行为；同时，受害者敏感性高的个体更容易产生人际指向反生产行为，这与自我保护敏感性高的个体具有显著区别。这些结论对于组织人事安排具有非常好的参考价值。例如，对于组织中和人打交道较频繁的岗位（如客服部门、人事管理部门或销售部门等），应该尽量避免安排受害者敏感性高的员工到此类岗位。

一般性违规反生产行为无特定的行为对象，和前三类反生产行为具有显著区别。这一行为的发现是对已有研究发现的反生产行为类型的扩充，提示在组织中不仅存在特定指向的反生产行为，还包括无特定指向的反生产行为。这一行为在国外反生产行为中还未见诸报道，相关的影响因素及内在机制也不甚明确，本研究的发现表明，受害者敏感性、与工作本身相关的发展性价值观对这类行为有显著预测效力，提示此类行为与员工的特定人格及工作价值观有显著联系。当然，这一行为可能也体现了文化差异，中国人所特有的对义与利的不同看法可能导致一些反生产行为表现出明显的义、利之分，在本研究中表现为一般性违规和财物信息指向反生产行为的区别。从一般违规反生产行为的项目来看，此类行为对组织的危害相对较轻（如在工作场所大声喧哗等），但背后可能折射出员工对所在组织的不满（如对外单位人员说本单位的坏话），因此对此类行为的预防应该考虑从提升员工满意度入手。

第三节　研究的局限

虽然本书对反生产行为结构及其内在生成机制和影响因素的探讨对已有反生产行为领域的研究进行了一定的补充和完善，但也存在一些不足和局限之处，主要表现在以下几个方面。

（1）反生产行为结构研究的局限性。在反生产行为的项目收集过程中，本研究和多数研究一样都让员工报告观察到的反生产行为。但这一方法可能会由于回忆偏差而产生遗漏，同时，一些员工不认为是反生产行为的项目可能不会呈现在报告中；由于研究目的所限，在项目开发过程中侧重反生产行为的跨组织特性，这固然有利于发现跨组织情境的反生产行为结构，但从另一方面来说，也排除了一些具有组织差异的反生产行为项目，而这些项目可能在某些组织中具有特殊意义；对于组织指向这一维度，虽然本研究发现该维度可以被进一步分为两类，但由于本研究的数据主要是频次数据，还有待更多的实证支持。

（2）组织公正、工作态度与反生产行为关系研究的局限性。在工作态度变量的选取上，仅选取了组织承诺和工作满意度两个变量，虽然在近二十年研究中这两类工作态度被认为是反映员工工作态度的核心变量，但在反生产行为过程中依然可能存在其他如组织支持、离职意向等对员工反生产行为会产生一定影响的工作态度变量；对于组织承诺的测量，仅选取了情感承诺作为测量工具，没有纳入组织承诺其他两个维度即规范承诺和持续承诺并对它们在反生产行为形成过程中可能存在的中介机制进行考察；由于研究目的所限，同时也考虑到被试由于测量项目过多可能产生的疲劳效应，因此没有在研究设计中纳入人格变量，而某些特定的人格变量对员工组织公正知觉具有一定调节作用。

（3）公正敏感性与反生产行为关系研究的局限性。本研究的两个样本数据都支持受害者敏感性的二维结构，但由于目前国内尚未有同类研究，这一维、二维结构是否可靠还需要通过进一步实证研究来验证。同时，由于是初步研究，本研究并未探讨三种公正敏感性在员工公正知觉和反生产行为关系中的调节机制，而这种调节机制是可能存在的。例如，高受害者敏感性员工可能比低受害者敏感性员工产生更强烈的不公正知觉并进而产生更高频次的反生产行为。另外，由于研究目的所限，并未探讨三类敏感性对其他员工心理行为（如工作满意度、组织承诺或组织公民行为等）的影响。

（4）工作价值观与反生产行为关系研究的局限性。工作价值观双层结构已经得到本研究的数据支持，其内在的元素也得到初步确定，但不论是价值形态层面还是发展层面都可能存在更多的价值观元素。本研究发现的形态层面五元素并未完全涵盖工作价值观的所有形态元素，依然可能存在其他的价值观元素；对于发展层面两元素的界定，本研究主要是从需要层级上进行的,虽然从理论上来说源于需要的价值观可简单分为基本的和发展性的,但是考虑到需要的层级并非简单的低级、高级两种形式,而可能表现为多种层级,因此发展性层面还可能包括更多的体现需要层级的元素。在工作价值观与反生产行为关系的回归分析中,并未对可能存在的性别、工作经验及教育文化程度与不同工作价值观的交互作用对反生产行为的影响进行分析,主要是考虑到这一检验涉及较多的交互作用(仅教育程度对发展性价值观的交互作用就包括五种),一一检验比较烦琐,但这并不代表这些交互作用是不存在的。

第四节　未来研究展望

反生产行为领域的研究虽然有近四十年的历史,但是真正形成系统化的研究体系还是近十多年来学者们努力的结果。国内反生产行为研究起步比国外稍晚,相关研究主要集中在近五年,而且实证研究在数量上还比较少,相比其他组织行为科学研究领域,还显得不太成熟,有许多问题亟须未来研究深入的探讨,这一些问题包括以下几个方面:

(1)对任务指向的反生产行为的前因变量及其内在机制进行深入的考察。不论是国外研究还是本研究的发现都表明任务指向反生产行为在工作场所中的发生频次较高,表明这一现象具有跨文化特点,然而到目前为止,这一行为还未引起学者们的足够重视,反生产行为领域还缺乏有说服力的理论模型,相关的实证研究也较少,虽然国外一些研究已经注意到了某些特定的任务指向反生产行为如工作期间滥用电脑、滥用互联网、

上班迟到和早退等，但这些研究显得较为零散，并未在任务指
向反生产行为这一框架下展开。近期国外有学者 Martin、Brock、
Buckley 和 Ketchen（2010）注意到了这个问题，提出了时间偷
窃（time banditry）概念试图解释这一现象①，但他们将时间偷
窃定义为员工在工作期间从事非工作相关行为（non-work related
activities）的倾向性。这种界定虽然反映了部分时间偷窃的本
质，但并未很好地体现时间偷窃的本质。一个明显的问题是：
在任务相关反生产行为中一些如"磨洋工"、装忙实际没有做事
等具有时间偷窃性质的行为是否也属于时间偷窃概念的范畴？
因此时间偷窃这个概念在内涵上需要进一步修正。虽然在概念
界定上有所不足，但 Martin 等人关于时间偷窃的类型划分则具
有一定的参考价值，他们的类型划分主要根据两个维度：投入
（engagement）和生产效率（productivity），由此构成四种类型的
时间偷窃行为，分别为精明型、鬼祟型、雇佣型及寄生虫型。
精明型表现为中等投入与中等产出，这种类型的时间偷窃在工
作场所中较常见，表现为员工用最少的投入完成工作任务要求，
在完成任务后不会再付出额外的努力，而实际上如果努力可以
做得更加出色。鬼祟型是一种中等投入与低产出类型，这种类
型的时间偷窃在工作投入上的主要原因是出于印象管理（im-
pression management）考虑，即让他人知道自己已经投入工作，
至于这种投入是否具有产出则毫不在乎。雇佣型是低投入与中
等产出类型，此类型的工作行为主要目的是保持雇佣状态，因

---

① Martin, L. E., Brock, M. E., Buckley, M. R., & Ketchen, D. J. (2010),
"Time Banditry: Examining the Purloining of Time in Organizations", *Human Resource Management Review*, 20 (1), 26-34.

此表现出这种类型行为的员工虽然工作投入程度不够，但至少会做到完成规定的工作任务，但绝对不会有多余的工作投入。寄生虫型是一种最糟糕的类型，这种类型的时间偷窃行为表现为低投入低产出，表现出这种行为的员工对于组织来说就像寄生虫一样，除了从组织中获得自己需要的资源，对组织没有任何贡献。Martin 等人提出的这四种类型的时间偷窃目前还很少有研究进行验证，如何将其转化为操作性测量指标是未来值得研究的问题。

（2）采用问卷调查法以外的其他研究方法考察员工的反生产行为发生机制。目前国内外的实证研究对于反生产行为的测量多采用问卷调查法，由于采用问卷调查法收集数据可能受到一定的社会称许性（social desirability）影响，而且反生产行为本身具有一定的负面特性，这可能会导致在数据方面会由于被试的掩饰性产生一定的测量误差。因此，在反生产行为研究数据收集方面，可以考虑一些更有针对性的方式。反生产行为领域关于前因变量的研究已经证实，组织不公、情绪性因素都可能会导致员工的反生产行为表现，因此，未来研究可以结合已有研究成果，采用情景描述法或投射法收集员工的反生产行为项目。例如，研究者可以通过向被试呈现组织不公的情景描述，并采用强迫法要求被试对这些负面情境做出最可能的积极和消极的行为，这种方式收集的反生产行为项目由于和负面情境相联系，具有针对性，在考察特定前因的影响时具有更可靠的效度，可以弥补问卷调查法的不足。

（3）在跨组织的反生产行为外，深入探讨特定组织或特定群体的反生产行为结构及其影响因素。本书的反生产行为项目编制着眼于跨组织特性，但不排除不同类型组织内部存在的特定类型反生产行为。例如，可以探讨政府部门、医疗事业单位、高校等不同组织的员工的反生产行为表现及其与组织氛围的关系。同时研究者也可以探讨特定群体的反生产行为，例如，上级或领导反生产行为、医生反生产行为、客服人员反生产行为、行政管理人员或技术类员工反生产行为等。某些群体的反生产行为（如领导违规行为、上级辱虐行为、医生失德行为等）已经成为当前社会普遍关注的焦点，因此对这些特殊群体反生产行为的研究具有重要的理论意义和实践价值。

（4）在反生产行为研究中纳入与传统文化相关的变量，考察我国传统文化思想对员工反生产行为的影响。中国传统文化对我国员工的影响具有不容忽视的作用，如儒家思想中的修身观、伦理观和中庸思想，道家提倡的无为不争思想，佛家提倡的业力观、果报观等，以及老百姓日常的一些传统观念，如"善有善报恶有恶报，不是不报时候未到""多行不义必自毙""宁可我负天下人、不可天下人负我""各人自扫门前雪、休管他人瓦上霜"等思想对员工的日常工作行为存在一定影响，然而在国内，对于传统文化思想在员工反生产行为形成过程中所起的作用还较少有人探讨，这是未来研究值得考虑的一个方向。例如，有哪些传统思想或观念（的激活）对员工反生产行为具有缓冲作用或者是放大作用？

（5）加强对反生产行为的预防干预研究。作为一种对组织或其成员的利益幸福具有威胁或潜在威胁的行为，对于其影响因素与内在发生机制的研究近十年来已经成为研究者关注的重心，研究也取得了丰硕的成果。但目前的研究过于侧重影响因素与机制的探讨，缺乏对反生产行为的预防干预研究，这是该领域研究的一个不足。从管理者的角度来讲，如何减少员工反生产行为，提升他们的绩效行为，是组织管理实践中更加关注的问题，员工在组织内的反生产行为不仅影响组织的利益，甚至还会影响组织发展及长远目标实现。因此，未来研究应致力于应用方面，探讨组织结构、工作再设计、组织管理策略、监控措施、员工待遇、员工发展需要等方面因素对员工反生产行为的影响，提高员工的绩效表现。

参考文献

1. 陈红雷、周帆:《工作价值观结构研究的进展和趋势》,《心理科学进展》2003 年第 11 卷第 6 期。

2. 杜建政、祝振兵:《公正世界信念:概念、测量及研究热点》,《心理科学进展》2007 年第 15 卷第 2 期。

3. 郭晓薇、严文华:《国外反生产行为研究述评》,《心理科学》2008 年第 31 卷第 4 期。

4. 廖建桥、赵君、张永军:《权力距离对中国领导行为的影响研究》,《管理学报》2010 年第 7 卷第 7 期。

5. 林玲、唐汉瑛、马红宇:《工作场所中的反生产行为及其心理机制》,《心理科学进展》2010 年第 18 卷第 1 期。

6. 凌文辁、方俐洛、白利刚:《我国大学生的职业价值观研究》,《心理学报》1999 年第 31 卷第 3 期。

7. 凌文辁、张治灿、方俐洛:《中国职工组织承诺研究》,《中国社会科学》2001 年第 2 期。

8. 刘文彬、井润田:《组织文化影响员工反生产行为的实证研究——基于组织伦理气氛的视角》,《中国软科学》2010 年第 9 期。

9. 刘亚、龙立荣、李晔：《组织公正感对组织效果变量的影响》，《管理世界》2003 年第 3 期。

10. 刘玉新、张建卫、黄国华：《组织公正对反生产行为的影响机制——自我决定论的视角》，《科学学与科学技术管理》2011 年第 32 卷第 8 期。

11. 彭贺：《反生产行为理论研究综述》，《管理学报》2010 年第 7 卷第 6 期。

12. 彭贺：《中国知识员工反生产行为分类的探索性研究》，《管理科学》2010 年第 23 卷第 2 期。

13. 彭贺：《知识员工反生产行为的结构及测量》，《管理科学》2011 年第 24 卷第 5 期。

14. 彭正龙、赵红丹、梁东：《中国情境下领导—部属交换与反生产行为的作用机制研究》，《管理工程学报》2011 年第 25 卷第 2 期。

15. 秦启文、姚景照、李根强：《企业员工工作价值观与组织公民行为的关系研究》，《心理科学》2007 年第 30 卷第 4 期。

16. 王垒、马洪波、姚翔：《当代北京大学生工作价值观结构研究》，《心理与行为研究》2003 年第 1 卷第 1 期。

17. 王颖、李树苗：《员工组织承诺生成机制的实证研究》，《北京师范大学学报》（社会科学版）2007 年第 199 期。

18. 谢雪贤、刘毅、吴伟炯：《公正敏感性的研究现状与展望》，《心理科学进展》2012 年第 20 卷第 2 期。

19. 殷雷：《当代大学生职业价值观调查研究》，《心理科学》2009 年第 32 卷第 6 期。

20. 张建卫、刘玉新：《反生产行为的理论述评》，《学术研究》

2008 年第 12 期。

21. 张建卫、刘玉新:《企业反生产行为:概念与结构解析》,《心理科学进展》2009 年第 17 卷第 5 期。

22. 赵守盈、江新会:《行为科学研究设计与理论建构的一种重要策略——层面理论述评》,《贵州师范大学学报》(自然科学版) 2006 年第 24 卷第 2 期。

23. 张永军、廖建桥、赵君:《国外组织公民行为与反生产行为关系研究述评》,《外国经济与管理》2010 年第 32 卷第 5 期。

24. Adams, J. S. (1963), "Toward an Understanding of Inequity", *Journal of Abnormal and Social Psychology*, 67 (5).

25. Aiken LS, West SG. (1991), *Multiple Regression: Testing and Interpreting Interactions*, Newbury Park, CA: Sage.

26. Ajzen, I. (1991), "The Theory of Planned Behavior", *Organizational Behavior and Human Decision Processes*, 50 (2).

27. Ajzen, I. (2002), "Perceived Behavioral Control, Self-Efficacy, Locus of Control, and the Theory of Planned Behavior", *Journal of Applied Social Psychology*, 32 (4).

28. Ajzen, I., & Driver, B. (1992), "Application of the Theory of Planned Behavior to Leisure Choice", *Journal of Leisure Research*, 24 (3).

29. Armitage, C., & Conner, M. (2001), "Efficacy of the Theory of Planned Behaviour: A Meta-analytic Review", *British Journal of Social Psychology*, 40 (4).

30. Aubé, C., Rousseau, V., Mama, C., & Morin, E. (2009),

"Counterproductive Behaviors and Psychological Well-being: The Moderating Effect of Task Interdependence", *Journal of Business and Psychology*, 24 (3).

31. Bakhshi, A., Kumar, K., & Rani E. (2009), "Organizational Justice Perceptions as Predictor of Job Satisfaction and Organization Commitment", *International Journal of Business and Management*, 4 (9).

32. Barriga, A. Q., Morrison, E. M., Liau, A. K., & Gibbs, J. C. (2001), "Moral Cognition: Explaining the Gender Difference in Antisocial Behavior", *Merrill-Palmer Quarterly*, 47 (4).

33. Bateman, T. S., & Strasser S. (1984), "A Longitudinal Analysis of the Antecedents of Organizational Commitment", *Academy of Management Journal*, 27 (1).

34. Baumeister, R., & Smart, L. (1996), "Relation of Threatened Egotism to Violence and Aggression: The Dark Side of High Self-esteem", *Psychological Review*, 103.

35. Baumert, A., Gollwitzer, M., Staubach, M., & Schmitt, M. (2011), "Justice Sensitivity and the Processing of Justice-related Information", *European Journal of Personality*, 25 (5).

36. Bell, R., & Buchner, A. (2010), "Justice Sensitivity and Source Memory for Cheaters", *Journal of Research in Personality*, 44 (6).

37. Bennett, R., & Robinson, S. (2000), "Development of a Measure of Workplace Deviance", *Journal of Applied Psychology*, 85 (3).

38. Berry, C. M., Sackett, P. R., & Wiemann, S. (2007), "A Review of Recent Developments in Integrity Test Research", *Personnel Psychology*, 60 (2).

39. Bies, R. J., & Tripp, T. M. (2005), "The Study of Revenge in the Workplace: Conceptual, Ideological, and Empirical Issues", In S. Fox & P. E. Spector (Eds.), *Counterproductive Work Behavior: Investigations of Actors and Targets*, Washington, DC US: American Psychological Association.

40. Bing, M., Stewart, S., Davison, H., Green, P., McIntyre, M., & James, L. (2007), "An Integrative Typology of Personality Assessment for Aggression: Implications for Predicting Counterproductive Workplace Behavior", *Journal of Applied Psychology*, 92 (3).

41. Blood, M. R. (1969), "Work Values and Job Satisfaction", *Journal of Applied Psychology*, 53 (6).

42. Bolton, L. M. R., Becker, L. K., & Barber, L. K. (2010), "Big Five Trait Predictors of Differential Counterproductive Work Behavior Dimensions", *Personality and Individual Differences*, 49 (5).

43. Bowling, N., Wang, Q., Tang, H., & Kennedy, K. (2010), "A Comparison of General and Work-specific Measures of Core Self-evaluations", *Journal of Vocational Behavior*, 76 (3).

44. Bowling, N. A., & Eschleman, K. J. (2010), "Employee Personality as a Moderator of the Relationships between Work

Stressors and Counterproductive Work Behavior", *Journal of Occupational Health Psychology*, 15 (1).

45. Bowling, N. A., Gruys, M. L. (2010), "Overlooked Issues in the Conceptualization and Measurement of Counterproductive Work Behavior", *Human Resource Management Review*, 20 (1).

46. Brown, J. (1985), "An Introduction to the Uses of Facet Theory", In Canter, D. (Eds.), *Facet Theory: Approaches to Social Research*, New York: Springer-Verlag.

47. Bruk-Lee, V., & Spector, P. E. (2006), "The Social Stressors-counterproductive Work Behaviors Link: Are Conflicts with Supervisors and Coworkers the Same?" *Journal of Occupational Health Psychology*, 11 (2).

48. Bushman, B., & Baumeister, R. (1998), "Threatened Egotism, Narcissism, Self-esteem, and Direct and Displaced Aggression: Does Self-love or Self-hate Lead to Violence?" *Journal of Personality and Social Psychology*, 75 (1).

49. Chen, P. Y., & Spector, P. E. (1992), "Relationships of Work Stressors with Aggression, Withdrawal, Theft and Substance Use: An Exploratory Study", *Journal of Occupational & Organizational Psychology*, 65 (3).

50. Clark, L. A., Foote, D. A., Clark, W. R., & Lewis, J. L. (2010), "Equity Sensitivity: A Triadic Measure and Outcome/ Input Perspectives", *Journal of Managerial Issues*, 22 (3).

51. Cohen-Charash, Y., & Spector, P. E. (2001), "The Role of

Justice in Organizations: A Meta-analysis", *Organizational Behavior and Human Decision Processes*, 86 (2).

52. Cullen, M., & Sackett, P. (2003), "Personality and Counterproductive Workplace Behavior", *Personality and Work: Reconsidering the Role of Personality in Organizations.*

53. Dalal, R S. (2005), "A Meta-analysis of the Relationship between Organizational Citizenship Behavior and Counterproductive Work Behavior", *Journal of Applied Psychology*, 90 (6).

54. Davison, H. K., & Bing, M. N. (2008), "The Multidimensionality of the Equity Sensitivity Construct: Integrating Separate Benevolence and Entitlement Dimensions for Enhanced Construct Measurement", *Journal of Managerial Issues*, 20 (1).

55. De Jong, R. D., Van Der Velde, M. E. G., & Jansen, P. G. W. (2001), "Openness to Experience and Growth Need Strength as Moderators between Job Characteristics and Satisfaction", *International Journal of Selection and Assessment*, 9 (4).

56. Demir, M. (2011), "Effects of Organizational Justice, Trust and Commitment on Employees' Deviant Behavior", *International Journal of Tourism and Hospitality Research*, 22 (2).

57. Diefendorff, J. M., & Mehta, K. (2007), "The Relations of Motivational Traits with Workplace Deviance", *Journal of Applied Psychology*, 92 (4).

58. Dilchert, S., Ones, D., Davis, R., & Rostow, C. (2007), "Cognitive Ability Predicts Objectively Measured Counterproductive Work Behaviors", *Journal of Applied Psychol-*

ogy, 92 (3).

59. Elizur, D. (1984), "Facets of Work Values: A Structural A-nalysis of Work Outcomes", *Journal of Applied Psychology*, 69 (3).

60. Elizur, D., Borg, I., Hunt, R., & Beck, I. M. (1991), "The Structure of Work Values: A Cross Cultural Comparison", *Journal of Organizational Behavior*, 12 (1).

61. Elizur, D., & Sagie, A. (1999), "Facets of personal values: A Structural Analysis of Life and Work Values", *Applied Psychology*, 48 (1).

62. Erez, A., & Judge, T. (2001), "Relationship of Core Self-evaluations to Goal Setting, Motivation, and Performance", *Journal of Applied Psychology*, 86 (6).

63. Feinberg, R. A., Powell, A., & Miller, F. G. (1982), "Control and Belief in the Just World: What's Good also can be Bad", *Social Behavior and Personality: An International Journal*, 10 (1).

64. Fetchenhauer, D., & Huang, X. (2004), "Justice Sensitivity and Distributive Decisions in Experimental Games", *Personality and Individual Differences*, 36 (5).

65. Fine, S., Horowitz, I., Weigler, H., & Basis, L. (2010), "Is Good Character Good Enough? The Effects of Situational Variables on the Relationship between Integrity and Counterproductive Work Behaviors", *Human Resource Management Review*, 20 (1).

66. Flaherty, S. , & Moss, S. (2007), "The Impact of Personality and Team Context on the Relationship between Workplace Injustice and Counterproductive Work Behavior", *Journal of Applied Social Psychology*, 37 (11).

67. Fox, S. , & Spector, P. (2010), "A 'Cold Cognitive' Approach to Complement 'Hot Affective' Theories of CWB", *The Dark Side of Management*.

68. Fox, S. , Spector, P. , & Miles, D. (2001), "Counterproductive Work Behavior in Response to Job Stressors and Organizational Justice: Some Mediator and Moderator Tests for Autonomy and Emotions", *Journal of Vocational Behavior*, 59 (3).

69. Fox, S. , & Spector, P. E. (1999), "A Model of Work Frustration-aggression", *Journal of Organizational Behavior*, 20 (6).

70. Frieze, I. H. , Olson, J. E. , Murrell, A. J. , & Selvan, M. S. (2006), "Work Values and their Effect on Work Behavior and Work Outcomes in Female and Male Managers", *Sex Roles*, 54 (1).

71. Gollwitzer, M. , & Rothmund, T. (2009), "When the Need to Trust Results in Unethical Behavior: The Sensitivity to Mean Intentions (SeMI) Model", In D. De Cremer (Ed.), *Psychological Perspectives on Ethical Behavior and Decision Making*, Charlotte, NC: Information Age.

72. Gollwitzer, M. , Rothmund, T. , Pfeiffer, A. , & Ensenbach, C. (2009), "Why and When Justice Sensitivity Leads to Pro-

and Antisocial Behavior", *Journal of Research in Personality*, 43 (6).

73. Gollwitzer, M. , Schmitt, M. , Schalke, R. , Maes, J. , & Baer, A. (2005), "Asymmetrical Effects of Justice Sensitivity Perspectives on Prosocial and Antisocial Behavior", *Social Justice Research*, 18 (2).

74. Greenberg, J. (1990), "Organizational Justice: Yesterday, Today, and Tomorrow", *Journal of Management*, 16 (2).

75. Greenberg, J. (1993), "The Social Side of Fairness: Interpersonal and Informational Classes of Organizational Justice", In R. Cropanzano (Ed.), *Justice in the Workplace: Approaching Fairness in Human Resource Management*, Hillsdale, NJ: Erlbaum.

76. Gottfredson, M. , & Hirschi, T. (1990), *A General Theory of Crime*, Stanford Univ Pr.

77. Gruys, M. L. , & Sackett, P. R. (2003), "Investigating the Dimensionality of Counterproductive Work Behavior", *International Journal of Selection and Assessment*, 11 (1).

78. Guttman, L. (1954), "An Outline of some New Methodology for Social Research", *Public Opinion Quarterly*, 18 (4).

79. Guttman, R. , & Greenbaum, C. W. (1998), "Facet Theory: Its Development and Current Status", *European Psychologist*, 3 (1).

80. Hackman, J. R. , Oldham, G. , Janson, R. & Purdy, K. (1975), "A New Strategy for Job Enrichment", *California*

Management Review, 17 (4).

81. Hafer, C. L., & Olson, J. M. (1989), "Beliefs in a Just World and Reactions to Personal Deprivation", *Journal of Personality*, 57 (4).

82. Harper, D. (1990), "Spotlight Abuse-save Profits", *Industrial Distribution*, 79 (3).

83. Henle, C. A., Reeve, C. L., & Pitts, V. E. (2010), "Stealing Time at Work: Attitudes, Social pressure, and Perceived Control as Predictors of Time Theft", *Journal of Business Ethics*, 94 (1).

84. Hershcovis, M., Turner, N., Barling, J., Arnold, K., Dupré, K., Inness, M., et al. (2007), "Predicting Workplace Aggression: A Meta-analysis", *Journal of Applied Psychology*, 92 (1).

85. Herzberg, F. M., Mausner, B., & Snyderman, B. (1959), *The Motivation to Work* (2nd ed), New York: Wily.

86. Hodgetts, R., & Altman, S. (1979), *Organizational behavior*, In M. D. Dunnette (Ed.), Philadelphia, Pa: Saunders.

87. Hofstede, G. (1980), *Cultrue's Consequences: International Differences in Work-related Values*, London: Sage.

88. Hollinger, R., & Clark, J. (1982), "Formal and Informal Social Controls of Employee Deviance", *Sociological Quarterly*, 23 (3).

89. Hung, T., Chi, N., & Lu, W. (2009), "Exploring the Relationships between Perceived Coworker Loafing and Counter-

productive Work Behaviors: The Mediating Role of a Revenge Motive", *Journal of Business and Psychology*, 24.

90. Huseman, R. C., Hatfield, J. D., & Edward, W. M. (1985), "Test for Individual Perceptions of Job Equity: Some Preliminary Findings", *Perceptual and Motor Skills*, 61.

91. Huseman, R. C., Hatfield, J. D., & Miles, E. W. (1987), "A New Rerspective on Equity Theory: The Equity Sensitivity Construct", *Academy of Management Review*, 12 (2).

92. Jarvis, C. B., MacKenzie, S. B., Podsakoff, P. M. (2003), "A Critical Review of Construct Indicators and Measurement Model Misspecification in Marketing and Consumer Research", *Journal of Consumer Research*, 30 (2).

93. Jones, D. (2009), "Getting even with one's Supervisor and one's Organization: Relationships among Types of Injustice, Desires for Revenge, and Counterproductive Work Behaviors", *Journal of Organizational Behavior*, 30 (4).

94. Judge, T., & Bono, J. (2001), "Relationship of Core Self-evaluations Traits-self-esteem, Generalized Self-efficacy, Locus of Control, and Emotional Stability-with Job Satisfaction and Job Performance: A Meta-analysis", *Journal of Applied Psychology*, 86 (1).

95. Judge, T., LePine, J., & Rich, B. (2006), "Loving Yourself Abundantly: Relationship of the Narcissistic Personality to Self-and other Perceptions of Workplace Deviance, Leadership, and Task and Contextual Performance", *Journal of Applied Psy-*

chology, 91 (4) .

96. Kelloway, E. , Francis, L. , Prosser, M. , & Cameron, J. (2010), "Counterproductive Work Behavior as Protest", *Human Resource Management Review*, 20.

97. King Jr, W. C. , Miles, E. W. , & Day, D. D. (1993), "A Test and Refinement of the Equity Sensitivity Construct", *Journal of Organizational Behavior*, 14 (4) .

98. Kidron, A. (1978), "Work Values and Organizational Commitment", *Academy of Management Journal*, 21 (2) .

99. Kraimer, M. L. (1997), "Organizational Goals and Values: A Socialization Model", *Human Resource Management Review*, 7 (4) .

100. Krischer, M. M. , Penney, L. M. , & Hunter, E. M. (2010), "Can Counterproductive Work Behaviors be Productive? Counterproductive Work Behavior as Emotion-focused Coping", *Journal of Occupational Health Psychology*, 15 (2) .

101. Kwok, C. , Au, W. , & Ho, J. (2005), "Normative Controls and Self-Reported Counterproductive Behaviors in the Workplace in China", *Applied Psychology*, 54 (4) .

102. Lerner, M. J. (1980), *Belief in a Just World: A Fundamental Delusion*, New York: Plenum Publishing Corporation.

103. Leuty, M. E. , & Hansen, J. I. C. (2011), "Evidence of Construct Validity for Work Values", *Journal of Vocational Behavior*, 79 (2) .

104. Lipman, M. , & McGraw, W. (1988), "Employee Theft:

A ＄40 Billion Industry", *The ANNALS of the American Academy of Political and Social Science.*

105. Lipkus, I. M. , & Siegler, I. C. （1993）, "The Belief in a Just World and Perceptions of Discrimination", *The Journal of Psychology*, 127 （4）.

106. Loher, B. T. , Noe, R. A. , Moeller, N. L. , & Fitzgerald, M. P. （1985）, "A Meta-analysis of the Relation of Job Characteristics to Job Satisfaction", *Journal of Applied Psychology*, 70 （2）.

107. Lyons, S. T. , & Schweitzer, L. （2008, June）, *The Structure of Work Values: A Replication with Two Measures*, Proceedings of the 2008 International Society for the Study of Organizational and Work Values （ISSWOV） Conference, Singapore.

108. Lyons, S. T. , Higgins, C. A. , & Duxbury, L. （2010）, "Work Values: Development of a New Three-dimensional Structure Based on Confirmatory Smallest Space Analysis", *Journal of Organizational Behavior*, 31 （7）.

109. Mangione, T. , & Quinn, R. （1975）, "Job Satisfaction, Counterproductive Behavior, and Drug Use at Work", *Journal of Applied Psychology*, 60 （1）.

110. Manhardt, P. J. （1972）, "Job Orientation of Male and Female College Graduates in Business", *Personnel Psychology*, 25 （2）.

111. Marcus, B. , & Schuler, H. （2004）, "Antecedents of Coun-

terproductive Behavior at Work: A General Perspective",
Journal of Applied Psychology, 89 (4).

112. Marcus, B., Wagner, U., Poole, A., Powell, D., &
Carswell, J. (2009), "The Relationship of GMA to Counter-
productive Work Behavior Revisited", *European Journal of
Personality*, 23 (6).

113. Martinko, M. J., Gundlach, M. J., & Douglas, S. C.
(2002), "Toward an Integrative Theory of Counterproductive
Workplace Behavior: A Causal Reasoning Perspective", *Inter-
national Journal of Selection and Assessment*, 10 (1-2).

114. Martin, L. E., Brock, M. E., Buckley, M. R., & Ketch-
en, D. J. (2010), "Time banditry: Examining the Purloi-
ning of Time in Organizations", *Human Resource Management
Review*, 20 (1).

115. McGurn, T. (1988), "Spotting the Thieves who Work among
us", *Wall Street Journal*, 7.

116. Meglino, B. M., Ravlin, E. C., & Adkins, C. L. (1989),
"A Work Values Approach to Corporate Culture: A Field Test
of the Value Congruence Process and its Relationship to Individ-
ual Outcomes", *Journal of Applied Psychology*, 74 (3).

117. Meyer, J. P., Allen, N. J., & Smith, C. A. (1993),
"Commitment to Organizations and Occupations: Extension and
Test of a Three-component Conceptualization", *Journal of Ap-
plied Psychology*, 78 (4).

118. Meyer, J. P., Irving, P. G., & Allen, N. J. (1998), "Ex-

amination of the Combined Effects of Work Values and Early Work Experiences on Organizational Commitment", *Journal of Organizational Behavior*, 19 (1).

119. Meyer, J. P. , Stanley, D. J. , Herscovitch L, Topolnytsky, L. (2002), "Affective, Continuance, Andnormative Commitment to the Organization: A Meta-analysis of Antecedents, Correlates, and Consequences", *Journal of Vocational Behavior*, 61 (1), 20 - 52.

120. Mohiyeddini, C. , & Schmitt, M. J. (1997), "Sensitivity to Befallen Injustice and Reactions to Unfair Treatment in a Laboratory Situation", *Social Justice Research*, 10 (3).

121. Morrison, K. A. (1997), "How Franchise Job Satisfaction and Personality Affects Performance, Organizational Commitment, Franchisor Relations, and Intention to Remain", *Journal of Small Business Management*, 35 (3).

122. Mount, M. , Ilies, R. , & Johnson, E. (2006), "Relationship of Personality Traits and Counterproductive Work Behaviors: The Mediating Effects of Job Satisfaction", *Personnel Psychology*, 59 (3).

123. Mikulay, S. , Neuman, G. , & Finkelstein, L. (2001), "Counterproductive Workplace Behaviors", *Genetic, Social, and General Psychology Monographs*, 127 (3).

124. Murphy, K. R. (1993), *Honesty in the Workplace*, Belmont, CA US: Thomson Brooks/Cole Publishing Co. .

125. Neuman, J. H. , & Baron, R. A. (1998), "Workplace Vio-

lence and Workplace Aggression: Evidence Concerning Specific forms, Potential Causes, and Preferred Targets", *Journal of Management*, 24 (3).

126. Neuman, J. H. , & Baron, R. A. (2005), "Aggression in the Workplace: A Social-Psychological Perspective", In S. Fox & P. E. Spector (Eds.), *Counterproductive Work Behavior: Investigations of Actors and Targets*, Washington, DC US: American Psychological Association.

127. Oldham, G. R. , Hackman, J. R. , & Pearce, J. L. (1976), "Conditions under which Employees Respond Positively to Enriched Work", *Journal of Applied Psychology*, 61 (4).

128. Penney, L. , & Spector, P. (2002), "Narcissism and Counterproductive Work Behavior: Do Bigger Egos Mean Bigger Problems?" *International Journal of Selection and Assessment*, 10 (1&2).

129. Penney, L. , & Spector, P. (2005), "Job Stress, Incivility, and Counterproductive Work Behavior: The Moderating Role of Negative Affectivity", *Journal of Organizational Behavior*, 26 (7).

130. Postlethwaite, B. , Robbins, S. , Rickerson, J. , & McKinniss, T. (2009), "The Moderation of Conscientiousness by Cognitive Ability when Predicting Workplace Safety Behavior", *Personality and Individual Differences*, 47 (7).

131. Preacher, K. J. , & Hayes, A. F. (2008), "Asymptotic and Resampling Strategies for Assessing and Comparing Indirect

Effects in Multiple Mediator Models", *Behavior research methods*, 40 (3).

132. Rao, V. R., Katz, R. (1971), "Alternative Multidimensional Scaling Methods for Large Stimulus Sets", *Journal of Marketing Research*, 8 (4).

133. Ravlin, E. C., & Meglino, B. M. (1987), "Effect of Values on Perception and Decision Making: A Study of Alternative Work Values Measures", *Journal of Applied Psychology*, 72 (4).

134. Roberts, B., Harms, P., Caspi, A., & Moffitt, T. (2007), "Predicting the Counterproductive Employee in a Child-to-adult Prospective Study", *Journal of Applied Psychology*, 92 (5).

135. Robinson, S., & Bennett, R. (1995), "A Typology of Deviant Workplace Behaviors: A Multidimensional Scaling Study", *Academy of Management Journal*, 38 (2).

136. Rodell, J. B., & Judge, T. A. (2009), "Can 'Good' Stressors Spark 'Bad' Behaviors? The Mediating Role of Emotions in Links of Challenge and Hindrance Stressors With Citizenship and Counterproductive Behaviors", *Journal of Applied Psychology*, 94 (6).

137. Rokeach, M. (1973), *The Nature of Human Values*, New York: Free press.

138. Rolland, J. P., & De Fruyt, F. (2003), "The Validity of FFM Personality Dimensions and Maladaptive Traits to Predict

Negative Affects at Work: A Six Month Prospective Study in a Military Sample ", *European Journal of Personality*, 17 (s1).

139. Ros, M. , Schwartz, S. H. , & Surkiss, S. (1999), "Basic Individual Values, Work Values, and the Meaning of Work", *Applied Psychology*, 48 (1).

140. Rothmund, T. , Gollwitzer, M. , & Klimmt, C. (2011), "Of Virtual Victims and Victimized Virtues: Differential Effects of Experienced Aggression in Video Games on Social Cooperation", *Personality and Social Psychology Bulletin*, 37 (1).

141. Rotundo, M. , & Xie, J. L. (2008), "Understanding the Domain of Counterproductive Work Behaviour in China", *International Journal of Human Resource Management*, 19 (5).

142. Rubin, Z. , & Peplau, A. (1973), "Belief in a Just World and Reactions to Another's Lot: A Study of Participants in the National Draft Lottery", *Journal of Social Issues*, 29 (4).

143. Salgado, J. F. (2002), "The Big Five Personality Dimensions and Counterproductive Behaviors", *International Journal of Selection and Assessment*, 10 (1/2).

144. Saunders, M. N. K. , & Thornhill A. (2003), "Organisational Justice, Trust and the Management of Change: An Exploration", *Personnel Review*, 32 (3).

145. Schmitt, M. , Baumert, A. , Gollwitzer, M. , & Maes, J. (2010), "The Justice Sensitivity Inventory: Factorial Validity, Location in the Personality Facet Space, Demographic Pattern,

and Normative Data", *Social Justice Research*, 23 (2).

146. Schmitt, M., & Dörfel, M. (1999), "Procedural Injustice at Work, Justice Sensitivity, Job Satisfaction and Psychosomatic Well-being", *European Journal of Social Psychology*, 29 (4).

147. Schmitt, M., Gollwitzer, M., Maes, J., & Arbach, D. (2005), "Justice Sensitivity: Assessment and Location in the Personality Space", *European Journal of Psychological Assessment*, 21 (3).

148. Schmitt, M. J., & Mohiyeddini, C. (1996), "Sensitivity to Befallen Injustice and Reactions to a Real-life Disadvantage", *Social Justice Research*, 9 (3).

149. Schmitt, M. J., Neumann, R., & Montada, L. (1995), "Dispositional Sensitivity to Befallen Injustice", *Social Justice Research*, 8 (4).

150. Scott, B., & Judge, T. (2009), "The Popularity Contest at Work: Who Wins, Why, and What do they Receive", *Journal of Applied Psychology*, 94 (1).

151. Shye, S. (1998), "Modern Facet Theory: Content Design and Measurement in Behavioral Research", *European Journal of Psychological Assessment*, 14 (2).

152. Skarlicki, D. P., & Folger, R. (1997), "Retaliation in the Workplace: The Roles of Distributive, Procedural, and Interactional Justice", *Journal of Applied Psychology*, 82 (3).

153. Smithikrai, C. (2008), "Moderating Effect of Situational

Strength on the Relationship between Personality Traits and Counterproductive Work Behaviour", *Asian Journal of Social Psychology*, 11 (4).

154. Smith, K. B. (1985), "Seeing Justice in Poverty: The Belief in a Just World and Ideas about Inequalities", *Sociological Spectrum*, 5 (1 – 2).

155. Spector, P. (1988), "Development of the Work Locus of Control Scale", *Journal of Occupational Psychology*, 61 (4).

156. Spector, P. (2011), "The Relationship of Personality to Counterproductive Work Behavior: An Integration of Perspectives", *Human Resource Management Review*, 21 (4).

157. Spector, P. E., Fox, S., & Domagalski, T. A. (2006), "Emotions, Violence and Counterproductive Work Behavior", In E. K. Kelloway, J. Barling, & J. Hurrell (Eds.), *Handbook of Workplace Violence*, Thousand Oaks, CA: Sage, 29 – 46.

158. Spector, P., Fox, S., Penney, L., Bruursema, K., Goh, A., & Kessler, S. (2006), "The Dimensionality of Counterproductivity: Are All Counterproductive Behaviors Created Equal?" *Journal of Vocational Behavior*, 68 (3).

159. Spector, P. E. (1975), "Relationships of Organizational Frustration with Reported Behavioral Reactions of Employees", *Journal of Applied Psychology*, 60 (5).

160. Spector, P. E. (1985), "Higher-order Need Strength as a Moderator of the Job Scope-employee Outcome Relationship: A Me-

ta-analysis", *Journal of Occupational Psychology*, 58 (2).

161. Spector, P. E., & Fox, S. (2002), "An Emotion-centered Model of Voluntary Work Behavior: Some Parallels between Counterproductive Work Behavior and Organizational Citizenship Behavior", *Human Resource Management Review*, 12 (2).

162. Spector, P. E., & Fox, S. (2005), "The Stressor-Emotion Model of Counterproductive Work Behavior", In S. Fox & P. E. Spector (Eds.), *Counterproductive Work Behavior: Investigations of Actors and Targets*, Washington, DC US: American Psychological Association.

163. Spector, P. E., & Fox, S. (2010), "Theorizing about the Deviant Citizen: An Attributional Explanation of the Interplay of Organizational Citizenship and Counterproductive Work Behavior", *Human Resource Management Review*, 20 (2).

164. Stewart, S. M., Bing, M. N., Davison, H. K., Woehr, D. J., & McIntyre, M. D. (2009), "In the Eyes of the Beholder: A Non-self-report Measure of Workplace Deviance", *Journal of Applied Psychology*, 94 (1).

165. Storms, P., & Spector, P. (1987), "Relationships of Organizational Frustration with Reported Behavioural Reactions: The Moderating Effect of Locus of Control", *Journal of Occupational Psychology*, 60 (3).

166. Sussman, L., & Kline, J. (2007), "Who are the Difficult Employees? Psychopathological Attributions of their Co-workers", *Journal of Business & Economics Research*, 5 (10).

167. Tsogo, L. , Masson, M. H. , Bardot, A. (2000), "Multi-dimensional Scaling Methods for Many-object Sets: A Review", *Multivariate Behavioral Research*, 35 (3).

168. Tsui, A. S. , Egan, T. D, & O'Reilly III, C. A. (1992), "Being Different: Relational Demography and Organizational Attachment", *Administrative Science Quarterly*, 37 (4).

169. Vazire, S. , & Funder, D. (2006), "Impulsivity and the Self-defeating Behavior of Narcissists", *Personality and Social Psychology Review*, 10 (2).

170. Victor, B. , Cullen, J. B. (1988), "The Organizational Bases of Ethical Work Climates", *Administrative Science Quarterly*, 33 (1).

171. Wang, C. Y. P. , Chen, M. H. , Hyde, B. , & Hsieh, L. (2010), "Chinese Employees' Work Values and Turnover Intentions in Multinational Companies: The Mediating Effect of Pay Satisfaction", *Social Behavior and Personality: an international journal*, 38 (7).

172. Wijn, R. , & van den Bos, K. (2010), "Toward a Better Understanding of the Justice Judgment Process: The Influence of Fair and Unfair Events on State Justice Sensitivity", *European Journal of Social Psychology*, 40 (7).

173. Williams K Y, O'Reilly C A. (1998), "Demography and Diversity in Organizations: A Review of 40 Years of Research", *Research in organization behavior*, 20 (20).

174. Wollack, S. , Goodale, J. G. , Wijting, J. P. , & Smith,

P. C. (1971), "Development of the Survey of Work Values", *Journal of Applied Psychology*, 55 (4).

175. Woon, I., & Pee, L. (2004), *Behavioral Factors Affecting Internet Abuse in the Workplace—An Empirical Investigation*, Paper presented at the Proceedings of the Third Annual Workshop on HCI Research in MIS, Washington, D. C..

176. Wu, T. (2009), "Abusive Supervision and Employee Emotional Exhaustion", *Group & Organization Management*, 34 (2).

177. Yang, J., & Diefendorff, J. M. (2009), "The Relations of Daily Counterproductive Workplace Behavior with Emotions, Situational Antecedents, and Personality Moderators: A Diary Study in Hongkong", *Personnel Psychology*, 62 (2).

178. Zuckerman, M., & Gerbasi, K. C. (1977), "Belief in Infernal Control or Belief in a Just World: The Use and Misuse of the I-E Scale in Prediction of Attitudes and Behavior 1", *Journal of Personality*, 45 (3).

179. Zytowski, D. (2004), *Super's Work Values Inventory-Revised User Manual*, Adel, IA: National Career Assessment Services.

180. Zytowski, D. G. (1970), "The Concept of Work Values", *Vocational Guidance Quarterly*, 18 (3).

攻读博士学位期间发表的论文目录

[1]《基于层面理论的员工反生产行为结构研究》,《南开管理评论》2012 年第 5 期。

[2]《学术压力、自我效能和乐观对博士生自杀意念的影响》,《中国临床心理学杂志》2012 年第 5 期。

[3]《科技工作者精神疾病患者的病例分析》,《中国健康心理学杂志》2010 年第 11 期。

附 录 2

反生产行为问卷项目（92题）

编号	项目	编号	项目
1	嘲笑同事	19	口头的性骚扰
2	辱骂同事	20	身体的性骚扰
3	恶意作弄同事	21	说同事坏话
4	粗鲁或粗暴对待同事	22	把自己的错误推到同事头上
5	与同事争吵或肢体冲突	23	故意对同事的工作设置阻碍
6	故意忽视某同事	24	对服务对象不尊重、无礼或不耐烦
7	故意孤立某同事	25	故意使同事难堪
8	背后议论领导或同事	26	取走单位财物
9	拉帮结派	27	伪造或篡改票据以获得经济利益
10	向上级打小报告中伤同事	28	故意拖延工作以获取额外的加班费
11	故意看不起同事	29	偷走本单位财物
12	挑拨离间	30	偷走同事财物
13	故意制造冲突	31	将本单位财物随意免费赠送他人
14	暴力威胁同事	32	损坏或破坏属于同事的财物
15	口头威胁同事	33	损坏或破坏本单位的财物、设备或物品
16	不服从上级命令	34	用单位电话打私人长途或短途电话
17	辱骂上级	35	谎报工作量以获得额外报酬
18	与上级争吵或肢体冲突	36	浪费本单位材料、设备或资源

续表

编号	项目	编号	项目
37	收受贿赂	60	工作期间休息时间过长
38	公款消费	61	迟过
39	收取回扣	62	故意放慢工作速度
40	以权谋私	63	工作期间做自己的私事
41	故意搞乱或搞脏工作的地方	64	花过长的时间在网上做些和工作无关的事
42	对外部人员透露本单位的机密信息	65	午休时间过长
43	未经允许或授权而擅自使用本单位资源	66	工作期间出于私事收发电子邮件
		67	工作期间在电脑上玩游戏
44	对外部人员说本单位的坏话	68	旷工
45	不注意维护本单位的形象	69	早退
46	伙同他人破坏本单位利益	70	故意不做好工作或不正确地工作
47	破坏本单位声誉	71	装病不上班
48	对本单位不忠诚	72	工作期间睡觉
49	以单位名义在外面揽私活	73	喝酒后来上班
50	钻单位规章制度的空子	74	因宿醉或酒精作用影响工作
51	在工作场所抽烟、吃东西或者喧哗	75	无故缺席
		76	工作期间擅自离开工作岗位去做其他事情
52	将个人利益置于组织利益之上	77	工作期间闲聊
53	对组织提供虚假信息	78	不完成分配给自己的工作任务
54	破坏或篡改本单位的文件或记录	79	没有按时完成工作任务
55	欺骗性地使用单位文件	80	工作不尽心尽力
56	欺骗性地呈现虚假的统计报表	81	推脱责任
57	窃取他人信息或成果	82	工作中不配合他人
58	对别人犯的错误不提示	83	出差期间做自己的私事
59	未经允许偷看同事的私人资料	84	夸大工作强度

续表

编号	项目	编号	项目
85	隐瞒工作失误	89	消极执行上级命令
86	找各种借口请假	90	不愿意承担责任
87	主要精力放在本职工作之外	91	工作期间花过多的时间幻想或做白日梦
88	出工不出力（磨洋工）	92	装作很忙实际没有认真做事

附 录 3

简化版反生产行为问卷项目（43 题）

行为指向	项目编号	项目内容
组织指向的财务信息反生产行为	1	取走或偷走本单位财物
	2	故意损坏或破坏本单位财物
	3	以不当方式从单位谋取利益（如伪造报销票据、骗取加班费）
	4	以本单位的名义在外揽私活
	5	偷走同事物品
	6	公款消费
	7	以权谋私
	8	未经授权或允许而擅自使用本单位资源（如使用单位设备加工私人物品）
	9	伙同他人骗取本单位财物
	10	浪费本单位资源或材料（如浪费水电，用单位电话打私人电话）
	11	故意破坏单位的文件或记录
	12	欺骗性地使用本单位文件以谋取私利
	13	欺骗性地向组织提供虚假的信息（如篡改统计报表）

续表

行为指向	项目编号	项目内容
组织指向的一般违规反生产行为	14	钻单位制度的空子
	15	推脱责任或不愿意承担责任
	16	对外部人员说本单位坏话、破坏本单位声誉或对本单位不忠诚
	17	在工作场所大声喧哗、抽烟等
	18	夸大工作量或工作强度
	19	需要团队合作的时候不配合
	20	隐瞒工作中的失误或错误
	21	故意搞乱或搞脏工作的地方
人际指向的反生产行为	22	辱骂、嘲笑或粗鲁对待同事
	23	性骚扰同事
	24	与上级争吵或肢体冲突
	25	辱骂、攻击或报复上级
	26	与同事争吵或肢体冲突
	27	不服从上级命令或与上级唱反调
	28	对客户或服务对象不耐烦或不尊重
	29	挑拨离间、拉帮结派
	30	孤立、忽视、看不起同事或背后议论同事
	31	故意使同事难堪
	32	把自己的错误推到同事身上
	33	对同事玩弄阴谋诡计
	34	威胁同事

续表

行为指向	项目编号	项目内容
任务指向的反生产行为	35	迟到、早退、旷工、无故缺席或装病不上班
	36	工作期间擅自离开岗位去做其他事情（如串岗、故意频繁上厕所或外出）
	37	工作期间睡觉或休息时间过长
	38	工作期间虽然在岗但是做一些和工作无关的事（如聊天、看报、上网等）
	39	磨洋工
	40	工作期间找各种借口请假
	41	出差期间做自己的私事
	42	装作很忙实际没有认真做事
	43	故意放慢工作速度

工作价值观调查问卷

以下 34 个问题是人们认为的在工作中比较重要的因素，但不同的人对这些因素的重要性认识可能存在差异。请您根据自己的真实想法，对下面的题目做出最符合您情况的回答。您的选择无好坏对错之分，请不必有任何顾虑。答案包括 7 个选项，分别从"1 = 不重要"到"7 = 非常重要"。请在对应的分值上打"√"。

	完全 不重要	不 重要	不是 很重要	有些 重要	重 要	比较 重要	非常 重要
1. 工作有发展前景	1	2	3	4	5	6	7
2. 公平合理的职务或职称晋升机制	1	2	3	4	5	6	7
3. 良好的工作平台（各种软硬件设施配套完善）	1	2	3	4	5	6	7
4. 学习到对自己有用的知识、经验或技术	1	2	3	4	5	6	7
5. 领导通情达理，和蔼易相处	1	2	3	4	5	6	7
6. 工作能够带来成就感	1	2	3	4	5	6	7

续表

	完全 不重要	不 重要	不是 很重要	有些 重要	重 要	比较 重要	非常 重要
7. 工作与家庭关系和谐（两者不会相互影响）	1	2	3	4	5	6	7
8. 公平合理的工资收入	1	2	3	4	5	6	7
9. 福利、奖金、退休金及各类保险等	1	2	3	4	5	6	7
10. 领导对自己的赏识和信任	1	2	3	4	5	6	7
11. 工作时间不能太长（如少加班或不用加班）	1	2	3	4	5	6	7
12. 工作中受人尊重	1	2	3	4	5	6	7
13. 工作稳定有保障	1	2	3	4	5	6	7
14. 不断提高自身的能力	1	2	3	4	5	6	7
15. 工作表现受到认可	1	2	3	4	5	6	7
16. 能够实现自我价值	1	2	3	4	5	6	7
17. 合理的工资增长机制	1	2	3	4	5	6	7
18. 建立并拓展自己的人脉	1	2	3	4	5	6	7
19. 领导重视支持自己的工作	1	2	3	4	5	6	7
20. 上班方便（如离家近、交通便利等）	1	2	3	4	5	6	7
21. 付出和回报成正比	1	2	3	4	5	6	7
22. 高收入	1	2	3	4	5	6	7
23. 能够胜任本职工作	1	2	3	4	5	6	7
24. 单位规章制度能得到公正的执行	1	2	3	4	5	6	7
25. 一份自己能够接受的职业	1	2	3	4	5	6	7
26. 工作责任心	1	2	3	4	5	6	7
27. 同事关系和睦	1	2	3	4	5	6	7

	完全 不重要	不 重要	不是 很重要	有些 重要	重 要	比较 重要	非常 重要
28. 有较多的假期和休息时间	1	2	3	4	5	6	7
29. 提高自己的社会地位	1	2	3	4	5	6	7
30. 工作压力适度	1	2	3	4	5	6	7
31. 在自己工作领域的影响力	1	2	3	4	5	6	7
32. 在单位的影响力	1	2	3	4	5	6	7
33. 轻松的工作	1	2	3	4	5	6	7
34. 工作有助于个人成长	1	2	3	4	5	6	7

后　记

　　时光荏苒，眨眼四年博士生涯已悄然而去。从博一对博士学术生涯的憧憬到博四对毕业的期盼和不舍，这四年的学术生活给我留下了太多太多的回忆。忘不了导师入学之初对我的殷切教诲，忘不了 CZX 心理实验室定期开展学术讨论的热烈气氛，忘不了寒窗孤灯下爬格子的感觉，忘不了师弟师妹们充满朝气的脸庞，更忘不了校长李培根授予博士学位那一刻的激动和自豪……四年的博士生活是紧张而充实的，导师对学术训练过程的严谨、博士论文选题的思考、博士论文研究过程中的不确定性、博士生毕业的小论文要求以及自身的经济困境等种种压力，使我的博士生涯一直处于一种充满张力的状态。对于这四年的学术生活，导师在毕业面谈时开玩笑地用"煎熬"两字来形容，并恭喜我们"终于熬出头了"。博士生涯或许在当时有些煎熬的感觉，但如今回忆起来，却倍感充实。这四年的学术磨砺，使我终于有幸窥得一丝学术的奥秘，可惜刚有所收获时却已经面临毕业。现在偶尔在工作闲暇之余会想起，在华科半山腰宿舍那昏黄的灯光下，自己沉醉在文献的海洋中寻找灵感、收获知识的情景，想起和室友一起胡侃海吹，聊些人生趣事的画面。

一切还历历在目，只是我已经带着遗憾和不舍告别了华科，重新回到工作岗位。

在这里，我要特别感谢我的导师陈志霞教授，正是她把我引入学术的殿堂，用严谨的学术态度和规范的学术训练让我一步步走上学术研究的道路。我始终记得导师在入学之初对我说过的话"努力比智商更重要"，四年来，我无时无刻不把这句话铭记心头，在学术的道路上努力拼搏。我还要感谢导师，当我在学术道路上遭遇挫折的时候，正是她及时地给我鼓励和支持，让我有了继续奋斗下去的勇气。四年来，我感觉自己最大的收获并非获得博士学位，而是学会如何进行学术研究，这为我今后进入学术社区打下了坚实的基础。我还要感谢社会学系的各位老师，作为一个心理学专业出身的学生，其实最初对社会学所知有限。正是各位老师精彩的课堂讲授和睿智的观点让我受益匪浅，在此一并表示深深的感谢。

我要感谢我的父母，他们默默地在背后支持我，大爱无言，在我身心俱疲的时候给予我最温暖的关怀。我也要感谢我的爱人，四年来，她一个人带着孩子，任劳任怨，是一个真正的贤妻良母，得妻如此，夫复何求？还有我的师弟师妹们以及高中同学朱开烘等人，经常在学术上给予我支持、生活上给予我关心、经济上给予我帮助，谢谢你们！

最后，我还要感谢南昌航空大学科技处对本书的大力支持，感谢科技处科研成果专项资助基金对本书的资助，感谢文法学院对本书的资助，感谢文法学院肖华锋院长、李奎主任以及各位专家、同事对本书的指点和支持。本书在出版过程中，受到中国社会科学出版社王茵老师、马明老师的耐心指导和帮助，在此一并表示深深的谢意。

　　由于笔者才疏学浅，本书的一些观点和结论可能还需要进一步深入探讨，由于出版时间较仓促，书中可能存在一些错漏之处，敬请各位读者见谅。